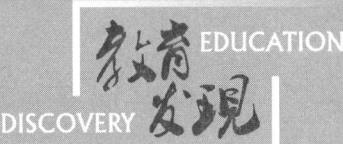
EDUCATION
DISCOVERY

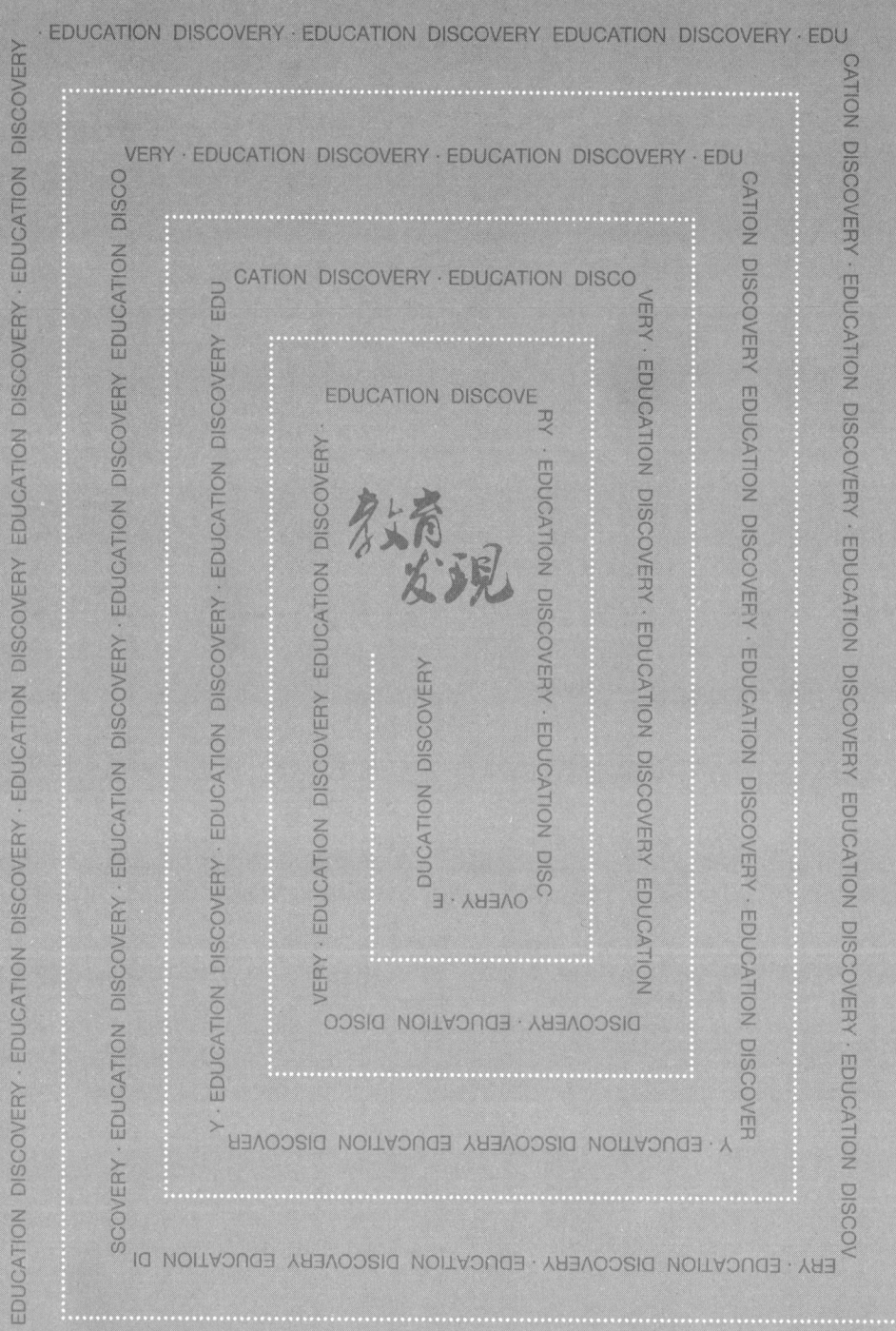

CHONGGOU GAOXIAO KETANG

重构高效课堂

陈立 著

山东文艺出版社

自 序

经过近十年的发展，高效课堂的实操技术日趋丰富，我一直在重构的并非高效课堂的技术，而是对高效课堂的认知，以及基于这些认知对技术进行一些或许比较重要的调整。当然，这些技术调整给很多学校和老师带去了信心和力量：原来高效课堂不是遥不可及，原来高效课堂如此简单。

高效课堂既然是基于课堂现状的改革，就没有理由用一套复杂的东西去掩盖另一套复杂的东西。因此我说，与其说高效课堂走的是一条颠覆之路，从理念到行动的颠覆之路，毋宁说我们连老祖宗的任何一个理念都没有颠覆，我们只是在做回归，做减法。将有关教育和教学多余的东西剪掉，比如功利。我们将与人无关的东西尽量去掉，将"以人为本"落实到每一处。

我们在行动上做颠覆，却在观念上走向回归。

并不是所有人都认识到这点，这也是我在指导学校进行高效课堂建设中面临最多的状况：老师们被要求做高效课堂，专家的理念听起来都不错，可是操作性却不强。更有专家打着高效课堂理念的旗号却做着应试教育的道道，比如兜售个导学案啥的。

这些故弄玄虚将本来简单的高效课堂变得深不可测又变幻莫测。这让我想起了农村跳大神的"神婆子"，必得对着香灰念几十遍经，在兜里放个三天两夜，才骗人用水和了喝下。没了这些悬念，你如何相信香灰就是神药？又如何相信隔壁其貌不扬的神婆子能救得了你的命？

　　如果对现行教育深入思考过，就会对"大道至简"有很深的感受：越是先进的反倒越简单，越是简单的越是能够流传。而这种简单需要更加坚定的信心。我们通过亲身的实践（培训实践和办学实践）得出这样的结论：高效课堂是一条实现新课程改革理论落地的有效途径。

目　录

第一章

重构高效课堂

高效课堂基本概念

"高效课堂"自 2006 年作为独立名词出现以来，所带来的争论就没有停止过。"高效课堂"到底是什么？是高分的课堂，抑或是高效益的课堂？

多年的高效课堂推广和培训中，的确遇到很多质疑和误解，造成误解的原因有很多，但主要集中于以下几个方面：

1. 在缺乏对"高效课堂"全面、深入了解的情况下，因对"高效"二字的误读、误解，给"高效课堂"简单粗暴地下了定义。

2. 部分实施高效课堂的学校因未掌握改革核心使得效果欠佳，造成对高效课堂的误解。

3. 部分机构或个人以"高效课堂"为噱头，进行所谓高效课堂培训，其错误的方法造成了实施者的"举步维艰"。

4. 部分所谓"高效课堂名校"并未展示出高效课堂的真实风采，导致外界对此的质疑。

其实，在很多人弄清楚"高效课堂"的真实面目后，都惊呼：这就是我们一直追求的课堂，这样的课堂的确是高效课堂！

高效课堂"八是"

1. 高效课堂是一种实现师生共同发展的教育设计；

2. 是实现课程整合和课程创新的基础；

3. 是让所有学生都能得到个性化教育的教学实践；

4. 是建构主义教学方式；

5. 是重建"以人为本"学生观、教学观、教育观的课堂行为；

6. 是学习者主体的课堂；

7. 是重构新型师生关系的课堂；

8. 是培养学生自主、合作、探究等综合能力和素养的课堂。

高效课堂"八不是"

1. 高效课堂不是"模式化"课堂；

2. 不是"高分课堂"；

3. 不是"精英课堂"和"中差生课堂"；

4. 不是知识最大化；

5. 不是学生孤立地学习知识；

6. 不是学生无序学习；

7. 不是学生取代教师；

8. 不是放任自流。

高效课堂的"四个实现"

包括"因材施教""教是为了不教""教无定法""教学相长"在内的"四大教育愿景"几乎是每个教育人挂在嘴上的"高频词汇"。这四个词汇的高频程度和普及程度远远超过了任何教育常识。无论是新手教师，还是师范学生，或者是学生家长，任何一个和教育有关无关的人都在与教育有关或者无关的场合使用这几个词汇辅助自己表达某种观点。

由此可见，"四大教育愿景"已经不仅仅是做教育的人的愿景，从一定程度上，成了社会的普遍愿望和心声。人们总是希望从这几个词当中去探寻一些东西，这种隐秘的好奇虽非引人注目但又实实在在影响着人们对教育的认知和情感。

高效课堂以无比肯定的姿态宣告了包括"因材施教""教是为了不教""教无定法""教学相长"四大教育愿景的实现的可能。这一实现"不小心"撕破了教育长时间神秘的面纱。这就像要脱去一个女人裹了一辈子的裹脚布,势必会带来羞愧、自卑乃至悲愤等复杂的情绪,但不得不说,"甩掉又臭又长裹脚布"的渴望与随之如潮水般涌来的舒适会即刻将所有的这些情绪覆盖掉。尽管脚型丑陋,尽管羞愧难当,毕竟,终于做了甩掉裹脚布的新女性,迈着不稳的步子,也一样踏入新时代。

将教育最直接的真理用简单的方式罗列出来,并不是受每个人欢迎的:"教育哪会如此简单"就像质疑"裹脚布哪能说扔就扔"。

教育本来没有很复杂,就像脚本身没有裹着布。

两千年前孔子和公西华的几句对话就说明了"因材施教",剩余的三大愿景也是近代的产物。这些原本清晰的道理却在现代变得面目全非。

1. 因材施教

子路大声向孔子讨教:"先生,如果我听到一种正确的主张,可以立刻去做吗?"孔子看一眼子路说:"总要征求一下父亲和兄长的意见吧,怎么能听到什么就去做呢?"子路离去,另一个学生冉有走进来问孔子同样的问题:"先生,如果我听到一种正确的主张,可以立刻去做吗?"孔子却立刻回答他:"对,应该立刻实行。"站在一旁的公西华奇怪孔子矛盾的做法,孔子笑着说:"冉有性格谦逊,办事犹豫不决,所以我鼓励他临事果断。子路办事不周全,争强好胜,所以我劝他遇事多听取别人的意见,三思而行。"

对多数教师而言,因材施教的前提是有足够的时间和空间,如孔子般观察学生,与学生对话。大班额集约式教学剥夺了教师和学生的这种机会,因材施教几乎不可能。

高效课堂对于课堂流程的改造和学生展示方式的改造,将教师和学生从盲目中解放出来,让教师有充分的时间和机会"了解学生,掌握学材",突破了教师时间和能力的限制,有更多的时间和机会"听其言,观其行",这使得因材施教有了机会保证。

2. 教是为了不教

"教是为了不教"是一种奢望,面对每个新知识点,面对每一位新学生,老师都要重新"教"。"铁打的老师流水的学生"是学校教育的现实,几十年下来,教师越教越明白,却很少教出自己能学习的学生。

说这句话的叶圣陶老先生估计怎么也没有想到,这样一句有着朴素真理的话,却很少有人能够做到。

"教是为了不教"的实现,在于让学生具备学习能力,而能力必须通过实际操练才能获得。听讲、识记的方式只能帮助学生迅速掌握知识点而非运用知识的能力。

知识点和技能的区别在于,知识点是不断更新和变化的,而一旦掌握学习技能,具备了学习能力,学习无非就是换学习内容的过程。当学生掌握了学习技能,教学就成了教师不断引领学生攀登高峰享受乐趣的过程。

应试教学专注知识点而忽视对学生学习能力的培养,学生被教师带领着每天"在知识的海洋里喝水"而忘却方向。如果学校教学是以能力目标的,学生在小学就应该接受学习能力的训练,小学之后应该能够掌握基本自学能力,初中和高中实现"在知识的海洋里遨游"。遗憾的是,就教育现状来看,从小学经过初中到高中,随着知识难度升级,内容增多,学生越学越苦,其根源在于,缺乏学习的技能。没有技能被丢到海里,只能淹死。

高效课堂的教学,是以学生学习能力提升为目的的教学,教师教学水平的高低体现在对学生学习能力提升的教学设计上。"培养出有自主学习能力的学生"是高效课堂对教师的要求。

"教是为了不教"的理想，必须通过学生具备自己的学习流程和方法实现。学生能够用自己的学习方法解决不同知识点的问题，教师才能从知识点的教学中解脱出来，实现教是为了不教。这恰恰是高效课堂设计的逻辑主线。

3. 教无定法

对于高效课堂的教学流程，质疑者常用"教无定法"来表达对流程的不解，他们主张课堂形态应该因科、因人而异，不可以统一流程。他们认为这就是"教无定法"要表达的全部要义。

"教无定法"摘自"教学有法，教无定法，贵在得法"。中华文化的博大精深在三个"法"的使用中体现得透彻淋漓，语感欠佳的人还真说不清楚。

"教学有法"之"法"（姑且称为法 1）为"自然之法"，即事物的内在规律；"教无定法"之"法 2"，强调教学没有一成不变的做法；"贵在得法"之"法 3"，强调具体做法与"自然之法"重合，即方法。

将这句话翻译成教育语言就简单多了：教和学都有其内在规律，教学的具体做法不是一成不变的，但必须使用遵循内在规律的方法。

按说关于"法 1"的讨论是必须放在首位的，并且长久不衰的，然事实却相反，人们很少对此进行探讨，连对教学的探讨也仅仅将重点放于以"名师之法"给众人示范，却无视"规律之法"的探讨。名师带普通教师，老教师带新教师，反倒助长了"教有定法，错在无法"。

古时的武林高手都心中有剑，手中无剑。街头耍把式的却是连刀带剑一通舞，看起来眼花缭乱却无半点真功夫。

高效课堂之法是学生学习之法，学习的规律就是教师教学的规律，只有得此法才能深谙教学之法。

4. 教学相长

关于教学相长的理解很多，然而几乎都和教与学的关系有关，也完全逃不开师与生的关系。《礼记》原文表达两层意思：第一层意思，任何事情要亲自做了才知道；第二层意思，就学习者来说，学习的过程本身就是一个亲身实践的过程。无论是教师作为主体学习者，还是学生作为主体学习者，或者师生都作为主体学习者，作为学习者面对的内在学习规律是一致的。

尽管不同主体的不同理解带来了一些问题的讨论，如：教师如何通过教学生学习实现自己的成长？如何实现学生"效师而学"和"自觉而学"？如何实现教师和学生在同一堂课上的双成长？但这些问题无非都和教与学的关系有关，即：如何实现更好地学？答案是通过教别人。

无论如何演绎，应试课堂都很难实现教学相长。在应试课堂，教师是知识来源与知识传授者，教师对于低于自身认知高度的知识重复只会产生职业倦怠。要实现教师成长，就必须为教师找到成长的路径和方向。

高效课堂的操作，让教师从简单的知识重复传授跳脱出来，成为教育教学的研究者，成为学生的研究者，成为"学习"的专家和自身成长的激励者。

扫描二维码
观看作者影像资料

视频 1：高效课堂基本概念
高效课堂不是高分课堂，不是高速课堂，也不是高效率的课堂，而是高效益的课堂。

　　高效课堂的学习流程保证学生的学习通过"教授别人"实现，与学习金字塔理论高度统一，即最好的学习是教授。高效课堂的设计，要求教师和学生不能越俎代庖。老师一味"讲"的课堂，无法实现教师的专业成长；学生一味"听"的课堂，不可能实现学生的成长。只有明确教师角色和学生角色以及各自成长路径的课堂活动，才能实现真正意义上的"教学相长"。

　　高效课堂只是将"四大教育愿景"曾经揭示过的一切，再次揭示出来。就像小脚的女人，如果没有那块裹脚布，她原本没有那么痛苦。

高效课堂的误区

若做统计，与"高效课堂"出现频率相当的词应该是"传统课堂"，高效课堂和传统课堂似乎成了一对反义词。这造成了"高效课堂反传统教育，属于大逆不道"的印象。

高效课堂并未反对"传统"，而是反对以"传统"为名"封闭"为实的"现行课堂"。进一步而言，高效课堂反对：以应试为目的教学和以升学为目的的教育。

以应试为目的的教学和以升学为目的的教育的共同特征体现在：儿童发展以适应教育选拔为显著特征，以牺牲大多数受教育者的利益为代价。其主要评价方式为选拔和甄别，显著的行为是"选学苗"。几乎所有的学校都希望有好的学苗，对于学苗的争夺几乎不择手段，有了好的学苗意味着轻松的教育过程。这种贪婪完全违背了教育的初衷，教育变成了"选拔适合教育的儿童"。

高效课堂提倡以"创造适合儿童的教育"为特征的教育教学行为，即一切教育教学行为都为了实现所有儿童的健康优质发展。评价为学生的发展服务，而不是学生的发展为评价的需要服务。

应试教学观念下知识本位的应试课堂，是高效课堂反对的。知识本位的应试课堂，以学生考上高一级学校为终极目标，教学内容以掌握知识点为主，无视学生发展需求，学生的课堂学习经历单一，方法单调。应试教学对学生的评价实行成绩高低、行为表现好坏二元标准，无视学生除学业成绩以外的各项天赋与表现，不提供学生丰富的学习经历，不进行多元评价，教育功能与儿童需求颠倒，儿童发展被打造成统一模式。

"传统"教育，不是高效课堂反对的，却恰恰是高效课堂追寻的。高效课堂不是一种发明创造，而恰恰是对"以人为本"教育的回归。

"高效课堂"的以人为本，或者说，重构后的"以人为本"的高效课堂，不仅以学生为本，也同样注重教师的发展。这样的课堂是师生双发展的课堂。现行改革中，人们将过多的关注放在学生身上，认为教师的改革是为了学生的发展。诚然，这种理解完全正确，然而，当教师无法解决自身工作的问题的时候，如何能够考虑学生的发展？

学生要变化，教师首先要改变。因此，让教师们了解高效课堂的建设根本在于教师行为的变化，或者说，**高效课堂的建设，就是教师课改行为的课堂解决方案**，这一点至关重要。

高效课堂所提倡的，其实恰恰是人们一直追求的，其本质是教育的一种方向性回归。

基于上述的误区，坊间对高效课堂的态度大致可以分为三类：深信不疑、将信将疑和疑而不信。

第一类：深信不疑

对高效课堂深信不疑的支持者，有时甚至用"信则灵，不信则不灵"来描述高效课堂，他们试图向众人传递的其实是"高效课堂所代表的改革方向是正确的"这样的信号。

他们通过走访许多实施高效课堂的学校，细致分析高效课堂的学理，深信高效课堂可以为学生带来颠覆性的变化。他们几乎不惧怕任何困难，并坚定地认为"只要方向没有错，办法总能找得到"。

在任何场合都能见到这类人群的代表：积极交流，不倦学习，乐于尝试。当然，他们的积极态度也得到了来自实践成功的丰厚回报，这种意想不到的回报又激励他们勇闯另一个高峰。

因为对自己选择的坚定，他们总能在逆境中突围成功，很多高效课堂实践校因此获得各级政府和社会各界的认可与嘉奖，在实践中取得的成功更坚定了他们行动的信心。

第二类：将信将疑

这类人群听说一些学校因为做高效课堂而有变化，自己愿意改变，却又有各种各样的担心。于是他们一边做着高效课堂，一边又把着旧有的思维不松手，如同在内里穿着长袍外面套着西装。因为对高效课堂的实践局限于导学案、小组学习等工具的使用，造成其高效课堂的实施充满了艰辛和误区，这种误区一次次地打击操作者的激情与信心。他们的课改之路曲折漫长。

第三类：疑而不信

这类人群对高效课堂的质疑，并不是因为高效课堂追求的教育信仰，反倒很多持有这种想法的人对教育有着比他人更坚定的信仰。遗憾的是，他们到了一些前期课改名校，被一些学校的商业化、市场化震惊，"眼见为实"让他们看到有些做高效课堂的学校对名誉、利益赤裸裸的追求。某些学校成为"课改暴发户"后，对课改不敬畏，对培训不敬畏，为了尽快锻炼教师队伍，壮大办学实力，违反了"课上不好的老师不能出去'传经送道'"这一原则，把对高效课堂理解都没有成型的老师派出去送课传道，派出的课没有设计，不了解学情，讲座空无一物，教师上课失败，高效课堂在当地也随之而败。

另一些前期课改名校躺在功劳簿上不思进取，通过改革取得阶段性成绩后，不再潜心研究课堂改革的进一步发展，开始搞商业化培训。学校之间互相诋毁，互相攀比，使得想做教育的人不知道该如何面对，不禁质疑这些学校到底在做教育还是做生意！对这些学校的不规范行为的质疑蔓延到对高效课堂的质疑。

质疑者中还有相当一部分是"名校""牛校"，崇尚"高端教学技术"而对于生根本土的高效课堂嗤之以鼻，他们认为没有经过认证的就不是好的，没有下发文件的就不能搞。曾传有教育行政官员因为某视察课改名校的官员未题字而猜测这样的课改是"上面不喜欢的"，回去后立刻下令禁止了当地的改革。

教育人对于教育客观规律的追求是无止境的。对于教育技术或教育理念的评判，应当以是否符合教育规律为唯一标准。具备独立的判断能力，也是教育的目的，可是，如果教育人自己都没有独立的判断能力、行动能力，何谈培养学生的独立思维？

如果我们不能对事物进行全面了解，就很难做出客观并且有利于发展的决策。面对高效课堂的李鬼与李逵，唯有全面了解高效课堂，才能帮助我们做出恰当的抉择。

2006 年，高效课堂作为课堂教学技术革新，掀起了中国课程改革历史的一页，是第一次基于课堂教学方式的革新。

新课程改革，旨在改变包括课程的功能、结构、内容、实施方式、评价标准以及课程管理在内的内容，以达到激发学生学习兴趣，使学生学会学习，具备学习能力，实现全面发展等真正"教育的目的"。

高效课堂的可贵之处在于将新课程改革理念落地，因此被称为课改的"有力抓手"。遗憾的是，不少学校在实践过程中，因为不了解高效课堂的实质，仅靠一些教育培训机构或者前期课改成型校教师的几次讲座，就开始搞高效课堂，结果让自己深陷泥潭，往前走不知去哪儿，往后退已无路可退。

高效课堂的实施和打造常常被误导至以下方向：

1. 高效课堂就是拉开桌子搞小组合作学习。

2. 使用导学案就是高效课堂。

3. 小组学习和使用导学案就是高效课堂。

4. 学校做高效课堂改革重点在教师，与行政无关。

5. 行政力量到了，课改就成功了。

高效课堂的课改实践是一个系统工程，是对改革者的全面考验，是对组织运营的全面调整。盲目的技术学习，会造成课堂各环节无法落实，小组、导学案不能发挥其真正作用，课堂不仅不能实现高效，最终还会造成"老师不会教了，学生不会学了"的严重后果。

即便是依靠行政力量的改革，若教师缺乏指导，无法解决课堂操作的实际问题，无论行政的力量有多大，也无法调动教师主动改革的积极性，正如我们永远无法唤醒一个装睡的人。

不掌握实质的改革，最终是自掘坟墓。"头痛医头，脚痛医脚"的改革，不仅达不到课改效果，终会形成学校课改负担，并给学校的课改实践带来毁灭性的打击。如果课改出现了停滞不前或者成绩下滑的状况，实践者就必须考虑是否出现了以上的问题。就大量的实例来看，几乎课改瓶颈出现的所有的原因都出自"知其然而不知其所以然"的操作误区。

为数不少的案例表明，正是因为对"高效课堂"的不理解，才造成了误解和误操作。这种误会，无论对学生还是对教师而言，都是极大的伤害，不仅浪费大家的时间，更挫伤了师生对教学的积极性和创造性。

因此，对高效课堂进行重构刻不容缓。

任何缺乏人文精神基础的技术创新都毫无意义。高效课堂的存活和发展，从某种意义上说得益于"人本"的立场。做课堂不是做形式，而是通过形式将想要的内容不打折扣地落地。

高效课堂一切操作技术的创新与运用，都源自对"人"需求和发展的思考。将这种思考作为对高效课堂的认知，作为操作者的教师就会拥有源源不断的创新动力朝着正确的方向前进。

高效课堂与新课程改革

新课程改革即通常说的"课改"，在不少活动中，课程改革和课堂改革出现的频率不相上下，甚至有些场合会将课程改革喊成课堂改革。这让很多一线教师产生了强烈的困惑：国家推行的新课程改革难道就是现在做的课堂改革？

课堂改革与课程改革之间到底有什么关系？高效课堂到底是否属于新课程改革的范畴？

"新课程改革"又称"新课改"，简称"课改"，始于 20 世纪末。随着党中央、国务院"深化教育改革，全面推进素质教育"要求的提出，基础教育课程改革势在必行，新课改的目的就是要在 21 世纪构建起符合素质教育要求的基础教育课程体系。鉴于之前已经有过好几轮课程改革，这一次的课程改革被称作"新一轮基础教育课程改革"。

课程是实现教育目的的重要途径，是组织教育教学活动的最主要的依据，是集中体现和反映教育思想和教育观念的载体，因此，课程居于教育的核心地位。课程改革的目的就是让教育更加适应社会的发展。

工业时代的学校教育目标是给社会培养更多的生产者和劳动者，使其最大限度发挥生产的功能。因此，工业时代背景下的教育以集约化、规模化为主，以人在短时间之内尽快掌握更多的知识，继而快速实现回报社会为主流行为。然而随着社会不断发展，"掌握更多的知识"不再是社会的主流,"具备更高的能力和更高的素养"成为新时代的新需求。课程的需求随之改变。以往的课程形态已经不能适应新时期社会对教育的需求。

新课程改革的根本任务是:全面贯彻党的教育方针,调整和改革基础教育的课程体系、结构、内容,构建符合素质教育要求的新的基础教育课程体系。

为了实现新课程的培养目标,同时针对现行的基础教育课程教材中存在的弊端,《基础教育课程改革纲要(试行)》(以下简称《纲要》)提出了本次课程改革的六项具体目标:实现课程功能的转变;体现课程结构的均衡性、综合性和选择性;密切课程内容与生活和时代的联系;改善学生的学习方式;建立与素质教育理念相一致的评价与考试制度;实行三级课程管理制度。这些目标构成了新一轮基础教育课程改革的总体框架,体现了课程改革是一项复杂而细致的系统工程。

同以往相比,这次课程改革在如何看待学生、学习、知识、发展、课程等方面,都有着重大的转变。

课堂是课程的实施载体,无论课程体系如何变化,最终都要落实于教与学的关系,教师与学生的关系。这些关系的落地都在课堂得以集中体现。

新课程改革对教师能力和学生学力提出了更高的要求,而这些要求都实实在在反映于课堂教学。要更好驾驭新课程,教师和学生要具备更全面的能力,而这些能力的培养一定是基于课堂。

因此,新课程改革的核心在于课堂教学的改革。或者说,课堂教学改革是新课程改革的"抓手"。课程改革的落地要通过课堂改革来实现。离开课堂的课程改革无疑是无根之木。

在 2015 年第二届全国现代课堂博览会(徐州)上,钟启泉教授做了题为《静悄悄的课堂革命》的报告,并在同年出版的著作《读懂课堂》

中，反复阐释课堂改革的重要性。在钟老先生和笔者的交流中，他非常肯定"人本位"的课堂改革，坚决反对依然局困于"知识本位"的课堂改革。

前几年轰轰烈烈的"素质教育"和"第二课堂"即走入了这样的误区。学生在"第一课堂"的学习方式并未得到优化和改善，而学校开设的"第二课堂"只是教学内容有所变化，由于教师的教学观念和方式没有发生改变，学生的学习经历和第一课堂的学习经历并无差异。我们无非是看见苦着脸在语数外课堂中坐着的学生，被换到了音乐、美术、形体等课堂中继续苦着脸。

灌输式教学掩盖了学生真实学习过程，使学生缺乏经历感知和经验总结，直接导致学习能力以及其他应该通过"学习"而获得的各种能力缺位，比如思考、交流、合作、表达等等。

对课程内容的改革如果不配合学习过程的改革，无法从本质上实现课改目的，学生依旧只具备"知识"而缺乏能力。相当一部分课程因为没有解决通过学习过程培养学生能力的问题而无法达到预期效果。

造成以上问题的原因主要是对以下三方面内容缺乏足够的了解：

首先，学生作为学习主体，通过学习过程，储备知识，形成能力，完善体能，建设心理。还原学生真实学习过程，协助学生"学习得来"就应该成为教学核心任务。

其次，通过学习，学生切实经历由不会到会，由会到运用，由不熟练运用到熟练运用再到结合已有认知进行创新的全过程，借由真实动态学习过程，形成个体发展必需的各种能力。

第三，课程内容是否真实，是否贴近学生生活，能否激发学生的兴趣和欲望，则决定学生能否为进入现实社会做好相关学识储备。

课改首先应该改变学生的学习过程，通过改变学生学习过程，逐步培养学生发展所需的各种能力，进而实现课程内容的精彩呈现，而学生学习过程的改变则需要靠教师改变其教学过程来实现。

综合而言，课改要经历三个阶段：

第一，基础阶段：保证学生综合能力在现有课堂得到锻炼；教师教学能力提升，能够设计和驾驭培养学生综合能力的课程。

第二，发展阶段：完善核心课程和设置多项提升课程（校本课程、地方课程），通过丰富的课程资源帮助学生实现能力迁移。

第三，回归阶段：课堂不仅仅是 45 分钟的室内课堂，在教师和学生眼中，只要有学习发生的地方就是课堂。课程资源、教育资源被极大开发和利用，新课程改革目标得以实现。

整个过程可以概括为新课程改革三步骤：课堂——课程——课堂。

可以说，课堂改革是课程改革的核心，只有通过改变教学关系、师生关系、人与资源的关系，才能帮助教师真正树立起以人为本的教育教学思路。

大批的高效课堂实践校，在第一年改革实践中就能够取得学生和教师颠覆式的变化。这种变化坚定了教师对新课程改革的信心，课堂转变让教师有了课改"抓手"，重新审视教学工作，将教育教学理论以正确的方式落地。

践行新课改，课堂是课改首要，且是关键的一步。学生为课程实践主体，学习过程是课程实施途径，课堂则是课程实施的载体，不管课堂形式、地点如何改变，其载体的性质始终如一。

课堂好比土壤，课程意图好比种子，没有良好的土壤环境，再好的种子也无法开花、结果。高效课堂的改革就如对土壤翻新、酝酿，让播到上面的种子能开繁花，结硕果。

打造"学生主体、学情主导、教师助推"的高效课堂

当"学生是学习的主体""学生是课堂的主人"等类似的观点被普遍接受并逐步变得毋庸置疑的时候，一个关于教师的问题也逐渐变得热门起来："在学生主体的课堂上，教师是什么角色？"

学习者主体地位被逐渐放大，信息技术的变革更是加剧了这种变化的速度，学习者主体地位和教学者主导地位之间的矛盾日益突出。

学生作为学习的主体，其主观能动性决定了学生要采取何种态度和策略进行学习，这也就是通常说的"学习兴趣"。学生若缺乏学习兴趣，无论如何也是不会投入学习的，这几乎是一个教育常识。然而，这种常识就像生活中的空气一样，尽管至关重要，却又常常被人忽略。

教学者往往忽略甚至无视学习者学习兴趣的重要性，简单地认为"我是老师，你是学生，我教，你就应该学"。在实践中，这种思想不仅遭遇重创，更是死路一条。许多教师发现与学生的主动性相比，教师所谓的主导作用简直不堪一击。

现实中的学生几乎不会去做他们不感兴趣的事情。那些所谓"听话、成绩好"的学生，也仅仅是因为在学业上优秀的表现获得了来自外界的表扬而部分地激发了他们的兴趣而已。那些表现平平，甚至学习有困难而导致"不想学习、对学习不感兴趣"的学生依然占大多数，这是教师面对的最大困境。

教师既然无法主导学生的学习兴趣，也就无法控制学生的学习行为，更遑论让所有的学生跟随自己的思路进行整齐划一的学习。

摆正师生之间的关系是解决学生学习兴趣的关键。

教师、学生和教材构成了教学三要素。然而三要素中的"教材"并非局限于书本，而是指包含书本在内的一切可以被称为"教学材料"的物化资源。教师、学生和教学材料构成了一个教学模式。

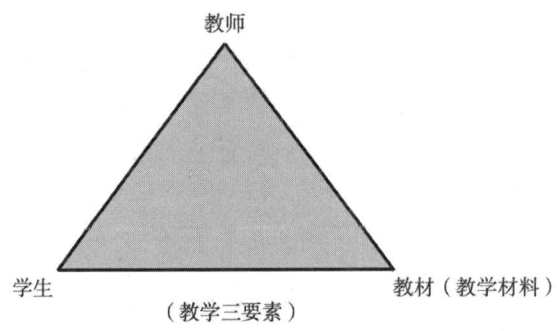

（教学三要素）

在这种模式下，离开教师，学生是完全有可能通过独立使用教学材料（此时成为学生的学习材料）学会知识点的，如通过翻转课堂中的微课视频进行自我学习。

这是否意味着大量的教师将面临失业，也就是说课改将导致教师被改得失业？或者说教师这个行业将从此逐渐消失？

这种担心并不少见，但其实完全没有必要。"学习"和"课堂"对于学生而言，并不仅仅是知识点的掌握。教师作为成年人在学生学习过程中的作用与价值，以及课堂学习对学生学习能力培养的作用，都是不可替代、不容忽视的。这恰恰需要教师更充分地研究学生与教学，提升教育教学的专业素养。

一个具有跑步天赋的人，在遇到一位好教练之前，最多能被称为"跑得快，跑得好"。只有在遇到一位好教练之后，才有可能将跑步的天赋发挥到极致，并通过教练个人提供的专业训练，凭借教练眼界和格局搭建的平台，取得更高的人生成就。

一直以来，好的教学都是让师生同时发展的，而非教师为学生"牺牲"，或学生"屈从"于教师。

好教师如同好教练，能让学生更上层楼，帮助学生实现生命价值。"师"的作用在学生的成长中是无法去掉的。随着信息技术的发展，通过技术手段获取知识变得相对容易的同时，人与人之间的交流和影响就更加弥足珍贵。教师的作用反倒越来越重要。

教师的首要职责，并不是将已有的书本知识传递给学生，或者不停地向学生强调学习的重要性，而是要激发学生对"学习"这件事情的兴趣，激发学生像对待"玩耍"一样对待"学习"的兴趣。

重构后的高效课堂，要旨在于构建新型的师生关系和教学关系，具体体现在：去教师主导化，使学生的学习主体地位得到彻底保障；实现"因材施教"，让教师从学生学习的主宰走向协助，实现学生的个性化学习；通过学生主体地位的保证，激发学生的主观能动性和对"学习"的兴趣。

一言以蔽之，高效课堂的新型教学关系、师生关系应该是"学生主体、学情主导、教师助推"。

扫描二维码
观看作者影像资料

视频1：学生主体、学情主导、教师助推
高效课堂新型教学关系、师生关系应该是"学生主体、学情主导、教师助推"。

学生的情况和学生的学习情况统称为"学情"，是决定学生学习结果的关键因素，相比教师的存在而言，属于"内因"。作为"外因"存在的教师，是激发"内因"、引发学生变化的重要因素，而非绝对因素，但教师的专业性决定教师是否能够将学生的"内因"成功激发。

教师在学生、学习、学科和课程四个方面的专业程度，决定了教师进行教育教学活动的效度。高效的教学设计必须取决于教师对学生情况和学生学习情况的认知，切合学生实际需求的教学内容才能激发学生的学习兴趣，而不同年段学生的认知特点能够帮助教师找到学生的学习需求。

教师对"学习"的认知是教师进行教学设计的逻辑基础，正确的认知是教师进行教学设计的保障。学习心理学、认知心理学等专业知识有助于教师设计出符合"学习规律"的教学设计，以达到事半功倍的效果。

课改要求教师正视学生主体地位并用教学设计保障其主体地位。"学生主体、学情主导、教师助推"的十二字方针，将"以学生为学习主体"和"因材施教"落到实处，不仅是高效课堂建设的标准，同时也是检验学生主体课堂的标准。

如何打造"学生主体、学情主导、教师助推"的高效课堂？

1. 全面尊重、接纳学生的差异性和独特性

学生作为独立生命个体，具备诸多方面的差异，其原生态环境又决定个体需求差异，面对学生所表现出的多样性和差异性，"尊重""接纳"是高效课堂的第一准则：尊重并接纳学生作为独立生命个体的差异性，尊重他们因此而产生的各种需求和权利。

教育不是改造，而是发展。也就是说，教育不是将原有的生命体以及与之有关的一切都推倒重来，而是在原有的基础上进行建构，使之达到其最高的高度，这个高度是依个体特质而定的，而非是任何整齐划一的标准。

2. 彻底保障、发展学生的主体性

必须防止学生从以前的"玩偶"（无生命、完全受人摆布）状态"进步"到"提线木偶"的状态。学生在课堂中尽管看起来有了展示和分组活动，似乎实现了某种程度的"自主"，但实际却依然受控。只是有的线隐藏得好，观众看不见；有的线隐藏得不好，容易被人看见。因"教师主导"的存在，学生无法彻底成为真正的主体，只是"看起来像主体"。

具有人文精神的课改，以"学生主体、学情主导、教师助推"为原则，以实现学生和教师的共同发展为目的，强调学生主体地位的完全落地，以学生情况和学生学习情况为学生和教师活动的主导。

教师通过分析学情（学生情况、学生学习情况）、顺应学情、助推学生发展，提升以"学生""学习""学科""课程"四项内容为内涵的教师专业素养，达到通过工作实现发展的教师专业发展之路。

想要彻底保障、发展学生的主体性，教师就要改变"让学生改变"的思维，从改变自己的思维方式做起。

对待学生，要从"你要变"的思维，变为问学生"你想做什么？我能为你做什么？我们一起做些什么？"的合作、探究思维，通过这样的方式，尊重学生作为独立生命个体的意见和能动性，真正实现学生主体，并建立具有平等、开放、包容特质的"高效课堂思维"和"高效课堂文化"。

3. 全面利用、开发资源的课程性

不同学生在认知方式、教育背景以及知识结构等方面，都存在巨大的差异，这就决定了以学生为主体的教学方式不能是单一的，多元教学方式必然需要对教育资源进行更加多元和彻底的开发。

在"教师讲，学生听"的方式下，学生的学习资源非常有限，仅仅局限于教师讲授的内容和学生零星的反馈。但当学生成为学习主体，教师进行助推之后，学生的学习就不再是孤立的，而是以群体为单位进行自主、独立的学习，这就需要教师有充分的教育资源意识。

学生身处环境的一切人和物，都会对学生产生影响，这些可以统称为学生的学习资源，从另一个角度说，也是教师的教学资源。教师完全可以利用这些人和物，通过不同的设计和组合，满足学生多元化的学习需求，比如学生的学习同伴是资源，学生在课堂上出现的错误也是资源，网络上的视频也是资源。教师不再是提供学习内容的人，而成为组合各种资源的人。

教育资源意识是课程开发的基础，只有教师建立了良好的资源意识，才会舍得从讲台上退下来，才会舍得从讲授中退出来；也只有这样，才会让学生从被动的"听讲"走向"主动寻求"。教师资源意识的建立会在教学中对学生进行潜移默化的影响，有资源意识的教学行为会帮助学生构建关于"学习"的正确理念：学习不是听讲，而是利用资源提升自己；错误不可怕，错误也可以成为一种学习的资源；等等。这些，恰恰是我们平常所说的学习能力。要想培养学生的学习能力，就必须采用能够培训学习能力的教学方式进行教学，而"建立资源意识，充分利用包括教师在内的一切资源，而非将教师作为唯一知识来源"是能力培养的重要一步。

高效课堂 3.0 时代

教育为社会储备人才提供持续不断的发展支撑，但同时教育又一直受社会发展的影响。

新兴工业技术的出现提升了社会生产的速度与份额。在工业化时代，各类工厂大量兴起，工业机械是核心技术，产品生产出现标准化和规模化，企业不断降低成本以形成低廉的产品价格，吸引更多的人进行购买，构建了一个"以产品为核心，人为生产服务"的时代。

随着信息技术的发展，人的思维逐渐开放，获取信息的渠道更丰富，尤其随着市场的开发，人们不再满足于被动接受工厂提供的产品，而开始提出自己的选择。消费能力的不断提升使人们对于消费的选择开始出现层级化。"客户需求"代替"产品"成为时代的主流。

在产品时代，狂妄如福特汽车公司的创始人曾说："无论你需要什么颜色的汽车，福特只有黑色的。"但那样的光景早已不复存在，即便是福特彼时，也打着"顾客就是上帝"的旗帜进行了大刀阔斧的改革，于是各色各样的福特轿车满街遍地奔跑着。

"顾客就是上帝"的时代给教育尤其是中国教育带来了巨大的影响，家长成了学校的顾客。"办让家长满意的学校"一夜之间成了教育的第一目标。

几乎所有的家长都希望自己的孩子能够成为精英，家长对升学率、学校名气和教师名气的追求，使众多学校无休止地进行排名大战，师资、生源、学区大战。纵然家长作为顾客在这样的环境下有了一些"做上帝"的优越感，但学校办学却依然进入病态竞争之势，其恶劣的后果就是今天的状况。这就是教育在"顾客是上帝"的影响之下单纯以需求为核心的 2.0 时代。

我们现在正经历的是一个全新时代，社会对"人"自身与个体价值的追求已经远远超过之前的任何一个时代。从社会发展而言，任何商业行为都已经不再单纯强调产品和顾客需求，他们开始着力关注人的个性、人的价值、独立生命个体的精神世界，并将所有产品的开发从单纯的技术创新，走向对人文精神的关注和结合。这是一场从"物"到"人"的变革。

高效课堂的变革虽未如历时百年的社会变革一样漫长，却也正经历着从"知识"到"人"的深刻变化。

学生独立意识觉醒和教师个体价值意识觉醒，正对教育进行"倒逼"式的变革。这场变革不是任何技术的革新，而是一场观念的变革，是教育中关于"人"的人文精神的树立。教育不再是为了任何其他的利益，而是和每一个受教育的人密切相关，是为了让每一个受教育的人能够成为有独立思想、心灵和精神完整的人类个体。随着社会的发展，教育从集约化、集权化走向了个性化、民主化，从"材"化走向"人"化，而课堂，就不再仅仅解决"知识"和"学习"的问题，而要解决"人"和"发展"的问题。

之所以不划分一代课改学校、二代课改学校和三代课改学校，是因为对课改学校进行排序极容易忽略教育变革的深刻内涵。

3.0 时代的高效课堂，并非仅仅将操作技术进行升级，或是"论资排辈"挨到了第三代，而是进入到课堂以人文精神为核心的时代，强调学校的一切行为以学生作为主体，以师生双发展作为工作核心，让教育真正实现"使人成为人"的目标。

高效课堂 1.0 时代

分数关注时代，强调通过对学生学习的"精细化管理"实现学生学业成绩的突飞猛进。

植根于知识本位"先学后教，当堂训练"的教学思想，将课堂改革的成效定位于实现"堂堂清、节节清"的"高效"结局。这种停留在"学知识"层面的课堂教学改革，源自将教育理解为"通过一切手段提升学生学业成绩"，并将此作为一切办学行为的指导和一切改革行为的目标。

不能说这样的理解是一种"错误"，只能说十年前关于教育的认知还停留在知识层面。所谓节节能清、堂堂能清的当然是知识点的记忆工作和可测评的当堂任务，然而对学生能力的提升和学生学习的主动性、热情和兴趣的提升，这样的方式并无太多建树。

虽然就学校自身发展而言，由学生学业成绩变化带来的学校发展的云泥之别，似乎是令人欣喜的，这个阶段也涌现出很多以"严苛"著称的名校。然而如果将此缩小至每一位学生，并延伸至学生的终身发展来看，我们只能说这是一种改革初期的尝试，离改革的初衷还有很大距离，甚至有南辕北辙之态。

在这种尝试中，改变传统学校散漫、拖沓的作风，将现代管理经验引入学校传统管理，这些做法的正面价值还是必须正视的，但学校之所以作为学校而存在的意义与价值，始终是不能被忽略和回避的。学校显然不能成为现代化工厂，虽然可以用精细化的管理方式管理学校的财、物、事，却不能用精细到每分钟、每节课的方式来管理和预设学生活生生的学习与成长。将学生的学习和成长用刻度、分钟的形式进行衡量的做法，人为割裂了学习与成长的连贯性与多种可能性。

将"人"视作了"物"，是这个时代和这种课堂最大的误区。

高效课堂 2.0 时代

教学关系关注时代，强调通过改变教学关系凸显学生的主体地位，却难逃落于"教师主导"窠臼的命运。

当人们对于"人和物"的意识开始抬头之时，"学生主体"的提法将学生从完全被动的状态中解放出来，让学生在课堂有了更多活动时间和空间。很多学校甚至通过"砸掉讲台"的举动来体现保障学生主体地位的决心，成就了高效课堂的雏形。

然而一句"教师主导"，却将学生从"玩偶"变成了"提线木偶"。从表面看，强调"教师主导"或许是为规避彻底改革带来巨大震动的中庸之举，然而，又何尝不是因为仍旧认为教师要决定学生的学习，而无视学生作为学习主体的经验值和能动性呢？

尽管"学生主体、教师主导"的愿望是美好的，但并没有将学生完全解放出来，反而造成改革者在实践中摇摆不定，甚至不留神就回到了"老路"：一边用"砸掉讲台"的方式告诉学生"你是主体"，一边用"堂堂清"的做法宣示教师地位。暧昧的改革显然会带来乐观的成果，更多的质疑却因此而产生：学生学业成绩上不去算不算课改成功？教师晚上讲，学生白天展示算不算课改成功？学生和教师无时无刻背教材算不算课改成功？课堂形态的改变是不是等于课改成功？

一些"课改就是皇帝的新装"的论调成了心照不宣"公开的秘密"：改革不过是说一些新鲜、应景的词汇，走走形式。"砸掉讲台"的核心内涵，就在"教师主导"中淹没了。这样的做法成为继 1.0 时代之后的一种改良，并不能算作"颠覆式"的改革。

"颠覆式改革"必须彻底树立学生的主体地位，不仅从形式上砸掉讲台，更要从思想根源上"砸掉"对教师教学和学生学习的固有认知。

高效课堂 3.0 时代

"以人为本"，教育从"工具化"走向"人本化"，教学为人的发展服务，通过教育资源的课程式开发与利用，进行教育价值的创新。

进入 3.0 时代的高效课堂，彻底改变了师生角色、教学关系，将实现师生双发展作为目标，在实现学生素养提升的同时，实现教师的职业发展目标。

在对已有的师生角色、教学关系、学生管理等众多令人困惑的问题进行深入研究后，我们将"学生主体、学情主导、教师助推"作为 3.0 时代的标准。

高效课堂 1.0—3.0 时代综合比较

	观点	代表产物	特点
1.0 时代	先学后教、当堂训练 堂堂清、日日清	讲学稿	管理改变 学教对立，讲教混淆
2.0 时代	学生主体 教师主导	砸掉讲台	关系改良 学为主体，教为主导
3.0 时代	学生主体 学情主导 教师助推	自主管理	观念转变 教即是学，学即是教 构建学生学习建构

与建构主义高度融合的高效课堂 3.0 时代，已经不再将"是否需要让学生动起来""教知识还是教能力"等已经有笃定答案的问题作为主要探讨话题，而是更加深入地探讨以下三个问题：

1. 如何通过教育教学保障和开发学生作为人的权利与价值，而不是限制或破坏？

2. 如何构建成年人与未成年人、人与资源之间更健康的关系，而非使其对立？

3. 如何进行能实现以上愿景的课程开发和实施？

3.0 时代的课改要实现三个"不普通"，即：让普通的教师教得不普通；让普通的学生学得不普通；让普通的学校办得不普通。

这些问题的解决，高度依赖教师作为"教育者"素养的专业性和全面性。教师不再是培养学生的"监工"或者"知识搬运工"，而是具有人文和教育专业知识以及情怀的教育者。

可以说，高效课堂的 1.0 时代，是以"物"为核心的时代，即"学生适应'教育'"；2.0 时代，学生的主体地位有所提升，进入到"人教人，人改变人"的时代，即"教师帮助学生适应'教育'"；而 3.0 时代，是一个彻底"以人为本"的时代，是"人与人"的时代，学生和教师前所未有地用平等的方式合作，是一个人利用"物"创造更大价值的时代。

高效课堂 3.0 时代，完全彻底保障学生主体地位，以师生发展为核心，教育不再孤立发生于学校，单方面作用于学生，而是基于教师发展、家庭教育、社区互动以课程的形式多元呈现；学校也不再仅仅是"管理学生学习的地方"，而扩展成为社会教育体系的核心，通过对教育深刻、专业的理解，向社会输送教育价值，引领社会教育品位，更强调人文精神的引领和开放的文化配套。

第二章

高效课堂实操

高效课堂新"五步三查"

课堂流程是成功打造高效课堂的关键，只有做事情的顺序和方式正确了，结果才有可能正确。

高效课堂的"五步三查"课堂流程是为教师们提供的一套教学流程，正是这个教学流程改变了学生的学习和教师的教学。流程在课堂改变中的作用不可小觑，其地位远远超过导学案和小组合作，或者说，导学案和小组合作本质是课堂流程落地使用的工具而已。

高效课堂新"五步三查"教学流程，包含学生学习流程五个步骤和教师活动的三个步骤。

以下版本的"五步三查"课堂流程，是近两年我们经过深入研究和大量实践后，对老版"五步三查"进行了重大调整后的新版高效课堂流程。

高效课堂新"五步三查"教学流程

学生流程	内容	教师流程	内容
独学	针对学习目标搜寻信息，并形成自己的初步观点	第一次学情调查	学生对学习内容的初步理解
对学	与对子分享、完善自己的观点		
群学	形成学习任务的小组决策	第二次学情调查	小组决策的方向与目标是否一致
展示	展示学习成果	第三次学情调查	学生的学习目标达成度以及"学习"情况的掌握
反馈	自我反思，对子测评、自评、互评、他评		

新"五步三查"课堂流程与老版比较，最大的区别在于：①将对学和群学环节分为两个环节；②将展示过程中的小展示取消；③用反馈取代达标测评环节。

扫描二维码
观看作者影像资料

视频 3：高效课堂新"五步三查"
独学（第一次学情调查）→对学→
群学（第二次学情调查）→展示
（第三次学情调查）→反馈

"五步三查"新老流程对比

老"五步三查"	新"五步三查"
独学　第一次学情检查	独学　第一次学情调查
对学、群学	对学
小展示　第二次学情检查	群学　第二次学情调查
大展示	展示　第三次学情调查
达标测评　第三次学情检查	反馈

将高效课堂的核心"五步三查"课堂流程做以上的调整，主要基于以下考虑：

1. 从操作的简易程度上而言，简化流程、明确动作，方便学生和教师能迅速掌握课堂流程。

2. 展示过程也是学生的学习过程。在以小组为单位的群学阶段形成小组整体决策的同时，学生其实已经完成小展示工作。

3. 学生的学习目的不是完成题目测试。基于"知识本位"的改革，注重学生是否完成了知识点的记忆，能否做到"点点清、堂堂清、节节清"；而基于"人本位"的课堂，着重学生的能力培养和提升，通过学生对自身学习行为的反思以及多种形式和内容的反思，达到进行学习效果反馈的目的。学生的学习效果，并不仅仅是题目完成的效果，而是学习能力提升的效果，即"学到了什么""对你的思考有什么帮助"。

4. 始终强调课堂是学生成长的场所，通过用"反馈"环节取代"达标测评"，向学生传递这样的信号：老师关注的是你的学习和成长，而不是能做对多少题。因此，我们将课堂的结束从完成题目提升为学生的自我反馈。反馈的内容和层次以及形式是丰富的、开放的。我们要通过这样的流程的变化，培养和建立师生对于"学习和教学"的新认知。

5. 用"学情调查"取代"学情检查"，并非咬文嚼字，而是要充分体现"学生主体、学情主导、教师助推"的思想，从根本上去除教师主导的痕迹，让学生真正成为学习的主体，让教师成为学生学习的助推者。教师通过对学情的调查，及时调整与学生的交流，制定新的教学策略，帮助学生实现学习目标。教师从"检察官"变成了"合作者"。

调整前的"五步三查"课堂流程，虽然从课堂形态上让学生成为行动的主体，但内容仍然基于"知识本位"，也沿用了"点点清、堂堂清、节节清"思路，因此将每一个环节都设置到位，害怕学生"过不了手"，这在某种意义上违背了"高效课堂"的初衷，并带来了很多操作上的误区。

比如：教师为了体现独学"找出不会的"，就采取让学生完成大量习题的办法，老师认为：学生会做题了，就是学会了，不会做的就是不会的。因为要"检查学情"又设计了"批改导学案"，不仅加重了师生的负担，更误导了高效课堂的实施。这样带来的问题，不仅仅是学习前置，更可怕的是，教师把导学案当作习题卷出，学生把导学案当作试卷完成，更有学生为了"完成导学案"进行抄袭。

再如，受"达标检测"思路的影响，课堂改革始终不敢再开放一些，紧紧围绕知识点和考点展开，学生的学习依旧枯燥无趣。学生一旦适应了课堂形式的变化后，发现老师依旧"换汤不换药"，课堂依然是考点和知识点的大量重复，学习毫无乐趣可言，又会陷入新一轮更深的"厌学"。这样的做法，无异于给学生希望后却让他们面对更深的失望，其后果比没有希望还要严重。在2009—2014年的高中毕业生中，很大一部分学生经历过这样的从希望到失望，最后彻底对"学习"、对"学校"绝望。就是因为学校和教师没有把握课改的真谛，为了改革而改革，每个动作并没有做到位，给学生和教师都带去了无法挽回的伤害。

　　调整后的"五步三查"课堂流程，以"学生主体、学情主导、教师助推"为设计思路，将流程予以简化，给学生更大的空间，让教师易于操作，迅速找到与学生的对接点，尽快从传统的"教书匠"转变为学生学习的"助推者"和"设计者"，在实践中取得了可喜的成果。

打造高效课堂新版导学案

不知从何时起，"导学案是高效课堂抓手"的论述，被演变成了"有导学案就是高效课堂"。这种思潮催生了庞大的导学案产业，嗅觉灵敏的书商将不值一钱的练习册、习题集改头换面，抄上几段教学参考书里的教学目标，将所有"教学"二字换为"学习"二字，再加上几条诸如"知识链接""温故知新""合作探究"之类的新词，以导学案为名号的教辅资料就成了销售冠军。

当前教育市场上，只要和"高效课堂导学案"挨边的东西就能赚钱，学校就会不惜重金购买让学生使用。现在市面上销售的各类打有"高效课堂"旗号的"导学案"绝大多数就是这样的东西。

事实上，不少学校花重金买了"导学案"却依然搞不好高效课堂，这是为什么？

书商为了更好销售"导学案"，找一些连高效课堂是什么都弄不明白的"砖家"给购买的学校和区域做"导学案培训"。这种质量的"导学案培训"变成了"学科知识点总结会""考点勾画会""高谈阔论胡说会"，直接耽误了教师时间，间接害了学生。

有的学校购买教辅机构推出的现成导学案，或者"某课改名校"推出的导学案，这种方式造成的恶劣后果更加严重。

教辅机构的导学案没有抓住导学案本质，将以前的练习册或者某试卷改头换面就成了"导学案";"课改名校"的导学案几乎都是六七年以前的产品，那时候很多学校都刚开始进行导学案的探索，哪里有拿得出手的东西？拿着别人若干年前不成型的东西做着现有的课改，怎么可能成功呢？

使用现成导学案产生的更恶劣后果是：不符合学生学习现状的导学案误导了学生的学习；缺乏教师思考的导学案使教师工作变得毫无价值；有老师甚至开始怀疑课堂教学改革的方向性。

小小的导学案，居然成为课改中最核心的问题，甚至引发了对改革方向的质疑，不得不说有点本末倒置。

导学案不是高效课堂的核心，仅是高效课堂的技术工具之一，即便不可或缺，但依然是工具。好比人为了表现得更优雅，吃饭时需要用工具把食物送进嘴里，这个工具可以是筷子，可以是勺子，也可以是叉子，当然也可以是手，甚至是树枝，但是除非特别特殊的情况，人一般是不会直接用嘴获取食物的。

导学案就是这样的工具。为了使学生学习更高效，在不同阶段可以有不同形态：详案变简案，简案变学习提纲；纸质或者电子；一课一案，或者一章节一案，甚或一主题一案。但无论其形式怎么变化，导学案作为培养学生学习思维、提升学习能力的工具，依然是不可或缺的。

除要足够重视导学案的工具性外，导学案"三化"问题也同样需要破解。导学案"三化"，指现行导学案存在的教案化、教材化、习题化问题。

导学案教案化：教案化导学案由传统教案改编而来，其本质是教师教案，将教案中的含"教学"二字的模块均使用"学习"二字加以替换，如"教学目标""教学流程"改为"学习目标""学习流程"。换汤不换药，背后仍是以教师为主导的教学思路。

导学案教材化：教材化的导学案将教材内容拼凑、调整成为各种板块，看起来内容丰富，比对教材时会发现，这几乎就是完全没有经过教师加工的原材料呈现。教材化导学案是学习材料的堆积，而非学习任务呈现。

导学案习题化：这是现阶段导学案最突出、最普遍的问题。导学案的各个板块，虽然以"自主学习""合作学习""探究学习"命名，但每一部分充斥着大量的习题，导学案俨然成了"习题卷"。

"三化导学案"出现的原因主要集中在以下三点：

1. 设计者错误地将导学案归类于"检查学生是否学会"的工具，希望通过大量习题的检查来确保学生"完成了学习"。

2. "学习任务"被错误地理解为"习题"，学习变成了"做题"。

3. 片面理解导学案在课改中的作用，忽略课改的系统性，孤立进行导学案设计，而非让导学案体现"学生主体、学情主导、教师助推"的高效课堂核心。

"三化导学案"给高效课堂建设带来诸多负面影响，是影响很多教师和学校课改的"元凶"：

1. 教师工作量大：一课一案，一案一批，相当于每天出试卷、改试卷，教师更累。

2. 学生负面情绪大：每天每学科一张"试卷"，多的时候一天七八张"导学案"，学生无法完成只好互相抄袭。

3. 财务费用高：每位学生每学科每天一张导学案，一学期导学案印刷费用少则几十万，多则上百万，无形中增加了成本，造成资源浪费。

4. 错误导向：教研组采用"集智备课"，每个人轮流备课，其他人轮流使用他人制作的现成导学案，或购买导学案，对教学和教材的探究反而滞后，教学工作也不好评价了。更有甚者，有了导学案以后，将教材也丢掉了，学生完全依靠导学案进行学习。

打造高效课堂新版导学案，就是要重申导学案的工具性，明确"物"与"人"的关系，将高效课堂从"导学案"的泥沼中拉出来，洗洗干净，轻松再上路。

导学案雷区自测

· 我们开始课改，用导学案！（导学案和课改到底什么关系？）

· 我们不用导学案，我们用学案，用学稿，用讲学案！（学案、学稿、讲学案和导学案有什么区别呢？要高级很多吗？）

· 课改太累了，天天都要写导学案，批导学案！（没有人说天天要批导学案，批导学案就是课改？）

· 把导学案收上来批改。（典型的试卷思维。）

· 他们在完成导学案，在自主学习。（"做"导学案就是自主学习，那自主学习也太简单了，谁还没上过自习课啊！）

· 我们在课改，因为我们使用了导学案。（用导学案就是课改，谁说的？）

· 我们是学案教学模式。（学案教学都成了一种模式，还说自己反对模式？小组教学也成了一种模式，都是模式，为什么高效课堂"五步三查"基本模式就不被接受？）

　　导学案在实践中又被称作"学案""学习单""导学单"等等，还有所谓"导案、练案、复习案"三案合一的导学案。随着高效课堂的推广，各种名称五花八门，仅从这些名称上就不难看出导学案给操作者带来的困惑。

　　导学案的使用，必须首先把握以下三个原则：一、用导学案不是课改；二、导学案是课改落地工具之一；三、编写导学案是实现教师专业发展的有效途径。

　　传统课堂中，学生无法成为课堂主体的原因在于：教师掌握学习目标，教师知道学习流程，教师进行学习检测，教师进行学习评价，几乎所有与学习有关的事情都由教师做。

传统课堂中，学生的学习像"盲人摸象"，不知道最终要到哪里去，老师领到哪里算哪里。在完全"失明"的情况下，学生不可能发挥主体性，最安全的做法就是等着教师的带领。这并不是说教师蓄意剥夺学生的学习，而是教师在不经意间包办代替太多：替代学生安排，替代他们讲话，替代他们思考，替代他们行动，却又一直埋怨他们不主动。试问，教师把学生要说的话都说了，要做的事都做了，学生还需要主动做什么呢？

我们强调通过打造高效课堂，将课堂还给学生，进一步说就是要把学习还给学生，这不是一句空话，而要做到以下四项内容：

1. 学习目标还给学生——解决学生要学什么的问题；

2. 学习流程还给学生——教会学生进行学习资源整合，学会学习；流程保证课堂顺畅，而不是教师；

3. 学习检测还给学生——帮助学生学会自我校正；

4. 学习评价还给学生——教会学生提炼学习方法，实现学习能力提升。

这个过程就是通过课堂培养学生能力，实现学生成为学习主体的过程。

高效课堂新版导学案就是将以上设计意图完全落实的学生学习方案，使用主体是学生，设计主体却是教师。它是教师提供的帮助学生实现学习能力提升的"抓手"。

一份好的导学案能引领学生掌握学习的内涵，锻炼学生的思维能力，而一份糟糕的导学案却只能让学生没头没脑地去完成所有的空白，进行毫无意义的讨论。

学生通过对导学案的使用实现三个目标：推导学习过程，积累学习方法，形成学习能力。

学生拿到导学案必须对这三个问题有明确回答：学什么？如何学？学得如何？

打造新版导学案的意义如下：减轻教师和学生的负担；帮助教师迅速适应高效课堂教学；提升教师教研专业度；改变"三化导学案"带来的困境。

要将"满堂灌"变成以学生为主体的教学，教师必须站在作为使用主体的学生的角度思考问题，对学生的学习进行设计，而导学案就是教师设计思路的体现，是教师为学生设计的学习工具。教师设计高效课堂导学案的过程，是教师学习如何以学生为主体进行教学设计的过程。教师通过设计导学案，提升教师四项专业素养：学生认知、学习认知、学科认知和课程认知。

可以说，导学案的编写和使用，是师生共同学习改变的过程。不自己编写导学案的教师一定做不成高效课堂，也不可能适应新课改教学要求。

如何设计新版导学案

导学案的产生基于课堂流程转变，是课堂由教师中心走向学生中心后，教师提供给学生的学习工具。这个工具将学习要完成的任务和需要达到的目标，以非常清晰的方式交还给学生，鼓励学生通过多种方式进行学习并建立自己的思维和学习习惯。

因此，导学案是教师为学生设计的学习工具，而非学生需要完成的习题或检测。导学案作为学习工具存在的最终目的，是帮助学生建立学习习惯，培养学生的学习思维。

高效课堂新版导学案的设计应遵循以下五个设计原则：①学习目标清晰可测；②全面体现"五步三查"课堂流程；③体现"学生主体、学情主导、教师助推"的设计思路；④习题问题化，问题任务化，任务展示化；⑤A4容量，版式清晰，用语贴近学生阅读习惯。

高效课堂新版导学案的设计必须包含三个基本要素：①学习目标；②学习流程（学习任务）；③学习反馈。

学习目标

首先，学习目标设定是导学案的重点，但最容易被忽略。学习目标对于学生学习具有非常重要的意义。

教师和学生在教学活动中的目的是一致的，假如把这个目的比喻为学生学习的目的地，那么最好的教学就是让学生通过自己的努力到达目的地。

要达到这个目的，学生必须首先明确目的地在哪（学习目标），再根据现实情况（已经掌握的知识）规划（运用学习策略）出自己的路径（学习流程）。学习能力的提升就是策略的积累，策略积累得越多，对策略思考得越多，学生的学习能力提升越快。

让学生清清楚楚上课，明明白白学习是提升学生能力的第一步。教师一定要牢记：学生越清楚自己要做什么，他能想到的办法就越多；学生越不知道自己要做什么，就越不知道该怎么做，只能等、靠、要。所以教师要不遗余力地让学生了解应该做什么，你对他们的期望是什么。这样能够激励学生在明确目标、认同目标的情况下，激发参与的兴趣，提升对学习参与的思考。

学习目标的设定要做到清晰、可测，让学习目标也成为学生能力提升的学习材料。学习者通过对学习目标的学习，能够获得"我要学什么""应该怎么评价""我需要做什么""怎么做"等重要信息。定位学习目标，也是学生学习能力提升的表现。

因此，导学案中学习目标的设定，不仅不能简单照搬教学参考，反而需要教师仔细斟酌，要具体、能操作、可达成。

课堂流程

其次，课堂教学流程的重构，是教学由"教中心"向"学中心"转变的重点。高效课堂将教师教学流程转变为学生学习流程，让教师的"教"为学生的"学"服务。

然而在高效课堂实际操作中，师生对教学流程的重构始终存在"隔靴搔痒"的情况，其根本原因在于操作者并未建立起"学生学习流程"的概念。

许多高效课堂操作者将高效课堂流程的转变停留的教师行为的转变层面，认为"教师少讲或者教师不讲就是高效课堂"，却忽略了教师少讲的背后是流程支撑了学生的学习。

教师用新的流程帮助学生建立学习流程，这正是从"教知识"向"教能力"的转变。

为了帮助教师进一步建立"培养学生学习能力"的认知和方法，同时为了让教师能从题目的桎梏走向对学科内涵的探讨，高效课堂新版导学案最重大的调整是将课堂流程与导学案吻合起来：导学案按照新五步三查的流程进行设置，教师根据流程设置学生的开放型学习任务而非习题。

教学中一个常见的误区是：知识点的累加＝能力提升。这种误区会产生类似"做100道类似的题可以提升对知识点的理解和运用能力"这样的认识。

然而事实是，大部分学生提高的是做题能力，只有小部分学生通过对题目的感性累积，提炼了核心技术而具备了运用知识的初始能力，但这种能力是极其不稳定的。这是典型的感性学习状态。事实证明靠"题海战术"并不能真正提升学生的学习能力。

这就是为什么只有小部分学生似乎能够"触类旁通"，而他们中又有一部分人极不稳定。成绩好、学习能力强的孩子，状态相对稳定，他们属于"不用教就会"的孩子。很多老师承认好学生不是教出来的，却不明白为什么。大部分学生是普通的，需要依靠学校的学习进行提升。感性和理性的教学方式会造成学生学习表现的巨大差异。

新版导学案就是要改变"感性学习"的状态，改变学生通过习题"感悟"知识的状态，让学生的学习变得更理性、直接。学生通过不同的任务，就知识本身进行探讨和运用，习题只是作为知识运用的检测。

学习反馈

最后，学习反馈（feedback）是新版导学案的重要补充。检测（test）和反馈（feedback）的本质区别在于，检测针对技术指标进行测评，而反馈针对过程变化的影响进行评估。

培养学生自主学习能力就需要学生对自己的学习过程有所评估，即从开始至结束时自己的表现、行为对结果的影响等方面进行综合测评。学习检测只是综合测评中的一项。

新版导学案用学习反馈取代学习检测，就是要建立师生间对学习长久、机动的认知。

新版导学案培养的是学生的学习程序和行为习惯，帮助学生建立"自己思考——寻求资源——做出决策——反思提升"的思维模式。它是帮助学生进行学习建构和思维培养的工具。

设计高效课堂新版导学案要遵循以下步骤：

1. 制定清晰、可测的学习目标。

2. "五步三查"课堂流程为学生学习流程和教师教学流程，也是导学案主体架构。

3. 习题问题化、问题任务化、任务展示化，任务围绕学习目标展开，层级递进。

4. 允许学生参与导学案设计，尊重学生学习习惯。

5. "瘦身"至 A4 大小。

6. 争取从详案变简案，简案变提纲。从一课一案变为一章节一案或一主题一案。

新版导学案的设计难点在于学习目标的制定和学习任务的制定，对教师的学术要求相对较高。

面对一份设计完成的学习方案（导学案），老师应该用以下几个问题进行自测：

1. 这份学习方案（导学案）完全体现我对学生的学习期望了吗？

2. 我的表述用的是"教案语言"还是"学生学习语言"？学生能否理解？

3. 审视每项学习任务和活动：这是用来"凑数的"或者是"平常大家都这么弄的"，还是"这是我为学生掌握学习内容而特别设计的"？

4. 学习任务是否层级递进，最终通过合作学习达到学习目标？

5. 这份学习方案（导学案）整体体现"学生主体、学情主导、教师助推"的理念吗？

6. 在这些学习任务中，我要做什么？我有没有干扰或者控制学生的学习？

7. 这些学习任务是"练习题"还是"任务"，学生讨论和展示的是"答案"还是"思维"？

你可能只需要花掉 5 分钟的时间来回答这些问题，但是却可以迅速改变和提高自己的专业水准。

用这些问题来检测一下以下三份导学案：

案例一

课题	小数的性质	
目标	程序（流程、学习习惯）	评价指南
一、1. 理解小数的性质。 2. 利用小数的性质把小数化简或改写。	【一】独学（5分钟） 1. 预习书本第34页的例5和例6。看懂并说出小数的性质是什么，写下来。 2. 你认为小数的性质中最重要的几个字是什么？ 3. 以下的小数中的0哪些能去掉，哪些不能去？能去掉的就去掉。 4.80　4.05　3.00　5.05 4. 不改变数的大小，把下面各数写成三位数小数。 0.4＝　3.06＝　10＝ 【二】对学（5分钟） 1. 与你的对子互相说一说小数性质。 2. 互相批改——自己订正。	1. 能理解小数的性质，并能正确化简和改写小数。（4分） 2. 能理解小数的性质，能正确化简小数。（3分） 3. 能理解小数的性质。（2分）
二、小试牛刀	【一】独学（7分钟） 1. 完成书本37页的第3题和第5题。 【二】对学（5分钟） 1. 与对子交流。 2. 达成共识——相互批改。 【三】群学（5分钟） 1. 小组长组织全体组员起立，在黑板前围成弧形。 2. 对子组展示方案。（可以边讲解边板书） 3. 组内达成共识，确定最终的展示方案。	1. 能正确完成练习，并能帮对子批改，而且能帮扶其他不会的人。（4分） 2. 能正确完成练习，能帮对子进行批改。（3分） 3. 能正确完成练习。
三、展示本组方案	【一】小展示（7分钟） 小组长先分工，如××同学板书，××同学展示，××同学补充，××同	

（续表）

目标	程序（流程、学习习惯）	评价指南
三、展示本组方案	学总结。剩余同学一起参与，并检查板书中双色笔的使用。白色主色调，红色纠错，黄色重点。 【二】大展示（5分钟） 1. 凳子轻轻放到课桌下面； 2. 拿好导学案、教科书、红笔； 3. 聚焦站位； 4. 眼睛看着发言者； 5. 注意听，并对其他组展示提出自己的看法。	1. 能展示出小数的性质，并能展示出化简小数和改写小数的方法。（5分） 2. 能展示出你学习的思路和过程。（3分） 3. 能认真倾听或者大胆展示。（2分）

【点评】

1. 该导学案扭曲了课堂流程的逻辑，暴露出教师对课堂操作流程认识存在误区。每个模块的"独学——对学——群学"将原本完整的课堂流程碎片化，师生忙于完成碎片化的任务而无法投入真实的学习。造成这样的原因主要在于教师对学生自主学习结果不放心，一定要在每一个环节通过对子予以确认，依然是知识识记性质的教学方式。

2. 导学案版式设计不符合阅读习惯和学习逻辑，"为了设计而设计，为了编写而编写"的痕迹严重。"目标"应放在整个导学案布局的首要位置，起到开宗明义的效果。

3. 导学案设计习题化突出，对学生学习思维无提炼。教师设定的"学习目标"为"理解小数的性质，利用小数的性质把小数化简或改写"，然而学习流程设计却没有体现出这两点。从流程上看学生并未对小数化简的规律进行总结和分享，整个学习过程是完成习题和对答案的过程。

不过该导学案在将评价标准还给学生这一方面，做了大胆的探索。学生掌握评价标准就知道"我被期望做什么"，有助于学生主动、高标准完成学习任务。

案例二

课题	圆的认识	使用年级	六年级	时间	2015 年 9 月 24 日
流程	具体内容				学法指导
学习目标	知识目标：我会用圆规画圆，并用字母表示圆心、半径、直径。 能力目标：我会通过折、画、量等方法掌握同圆中半径和直径的关系与特征。 情感目标：通过交流，学会与人合作。				
课前准备	用你喜欢的方式画一个圆，并把它剪下来。				
独学思考	【独学】我会用圆规画一个圆，并用字母标出圆心、半径、直径。				阅读课本第 58 页第一部分
合作探究	【对学】 　　看看你的对子的圆心、半径、直径画对了吗？ 　　要说明理由哦！ 【群学】 　　1. 围绕以下问题，大胆猜测圆的特征： 　　同圆中，可以画多少条半径？多少条直径？ 　　同圆中，半径的长度都相等吗？直径呢？ 　　同圆中，直径和半径有什么关系？ 　　圆是轴对称图形吗？ 　　圆的位置由什么决定？大小呢？ 　　2. 小组为单位，拿出剪好的圆，参照导学案的学法指导，折一折，画一画，量一量，比一比，会有什么发现？并说明理由。 　　3. 小组长组织，把你们的发现绘成知识树。				 通过对折，我发现圆有……条直径 通过画一画，我发现圆有……条半径 　　通过量一量，我发现： 在同一圆里， 所有半径长度…… 直径长度…… 　　直径长度是半径的……

（续表）

流程	具体内容	学法指导
班级展示	展示，其他组员进行补充质疑。	展示语言： （1）我觉得所有的半径长度都……我的理由是…… （2）我觉得直径的长度是半径的…… （3）我们组的结论是……理由是…… （4）我有补充……
强化梳理	1. 判断题： （1）圆的半径长度都相等。　（　） （2）半径的长短决定圆的大小。 　　　　　　　　　　　（　） （3）直径4厘米的圆比半径2厘米的圆大。　　　　　　　（　） （4）两端都在圆上的线段叫作直径。 　　　　　　　　　　　（　） 2. 课本第58页第二题。 3. 梳理知识点，完善知识树，对照目标说说自己的收获与困惑。 4. 检测：课本第60页第5题。	

【点评】

该导学案暴露出的首要问题是教师对学生放手不够，期望通过亦步亦趋、考虑周详的导学案，控制和保障学生的学习效果。因此在学习目标设计和任务设计中，显得过于谨慎，忽略了六年级学生已经具备的学习力。

就学习目标而言，"掌握……关系与特征"这种表述依然不明确，学生无法自测和反馈学习结果。学习目标可以设置为"会用圆规画圆，并用字母表示圆心、半径、直径；能说出同圆中半径和直径的关系和特征"。

学习流程比较流畅，但有些任务设计略显草率，比如"独学"部分仅一个画圆的任务未引导学生进行关于圆的整体思考。

对于独学任务的设计，教师要遵循"整体思考，形成独立见解"的原则，鼓励学生对学习内容进行整体思考，并在对子学习中进行交流补充，在群学过程中通过完成决策性任务，对自己的认知进行交流整合。因此，独学、对学和群学的任务设计非常重要，这取决于教师对学习的认知。如果教师认为学习等于"记住知识"，那么设计出的内容仍旧是灌输式的。开放式任务和问题的设计有助于学生进行开放式学习。

该导学案体现出了对学生学习流程的培养，有助于学生尽快养成"独立思考——对子交流——组内合作——展示汇报——反馈提升"的自主学习思维，但同时也暴露出教师在教学转型过程中的不彻底性，虽然行动的模子换了，但是在内容设计上还有很大的提升空间。尤其在"强化梳理"环节的设置，又将学习拉回了知识本位，而没有引导学生对自己的学习过程和思维过程进行梳理、提炼。

由此可见，在由"教"中心到"学"中心转变的路上，最大的障碍来源于教师对学生和学习的认知。

案例三

编号		课型	新授	时间		主备人		审核人	
班级		小组		姓名		评价 1		评价 2	

<table>
<tr><td colspan="2" align="center">课题：带电粒子在匀强磁场中的运动</td></tr>
<tr><td align="center">学习内容</td><td align="center">个性笔记</td></tr>
<tr><td>

【学习目标】

1. 理解带电粒子的初速度方向与磁感应强度的方向垂直时，粒子在匀强磁场中做匀速圆周运动，会推导带电粒子在匀强磁场中做匀速圆周运动的半径、周期公式，准确写出半径和周期公式。

2. 能在具体问题中分析带电粒子在磁场中运动的方法和步骤。

3. 记住质谱仪和回旋加速器的工作原理，并能在具体问题中灵活运用。

【学习重点】

带电粒子在匀强磁场中的受力分析及运动轨迹。

【课标要求】

本部分内容是高考的重点和热点，要求熟练掌握并能灵活运用。

【学习流程】

一、独学

任务1：请写出带电粒子在匀强磁场中满足不同条件时的运动情况分析。

（1）带电粒子的运动方向与磁场方向平行时是怎样的？

（2）带电粒子的运动方向与磁场方向垂直时是怎样的？

（3）带电粒子的运动方向与磁场方向成 θ 角时是怎样的？

任务2：通过阅读课本第 100 页写出质谱仪的原理和应用。

</td><td></td></tr>
</table>

（续表）

学习内容	个性笔记
任务 3：通过阅读课本第 101 页写出回旋加速器的原理和应用；并分析带电粒子的最大动能与什么有关。 　　二、对学 　　结合图 1、图 2、图 3 总结带电粒子在磁场中运动轨迹的分析方法和步骤。 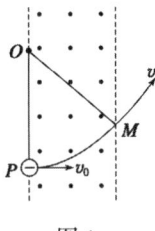　　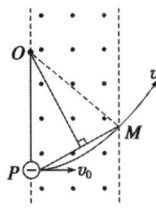 　　　图 1　　　　　　　　　图 2 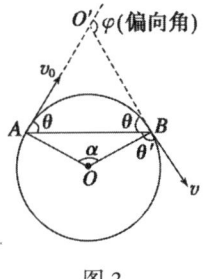 　　　图 3 　　三、群学 　　利用对学中总结的带电粒子在磁场中运动轨迹的分析方法和步骤解决以下问题和不懂的问题；同时总结出需要展示的问题。	

（续表）

学习内容	个性笔记
任务1：带电粒子在匀强磁场中的运动 电子、质子、氘核、氚核以同样的速度垂直射入同一匀强磁场做匀速圆周运动，其中轨道半径最大的是（　　） A. 电子　　　B. 质子　　　C. 氘核　　　D. 氚核 任务2：带电粒子做圆周运动的分析方法 如图4所示，一束电子（电量为e）以速度V垂直射入磁感应强度为B、宽度为d的匀强磁场，穿透磁场时的速度与电子原来的入射方向的夹角为300°。求：（1）电子的质量；（2）电子在磁场中的运动时间。 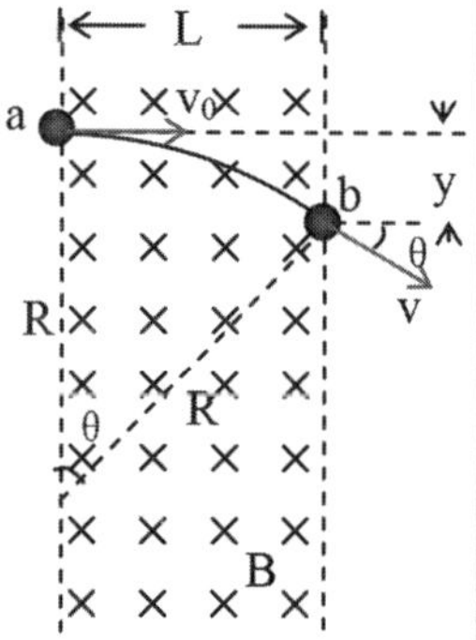 任务3：如图5所示，在半径为R的圆的范围内，有匀强磁场，方向垂直圆所在平面向里。一带负电的质量为m电量为q粒子，从A点沿半径AO的方向射入，并从B点射出磁场。∠AOB＝120°。则此粒子在磁场中运行的时间t＝_____。（不计重力） 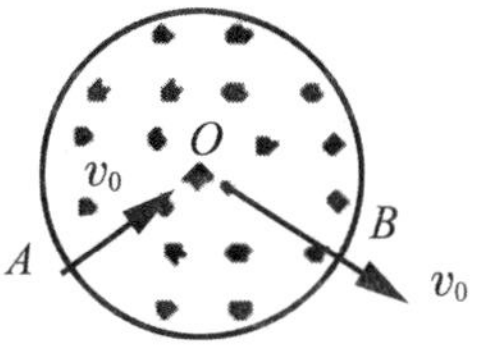 图4 图5	

（续表）

学习内容	个性笔记
四、展示 　　展示对学、群学中的学习成果，解决群学中不懂的问题。同时总结带电粒子在匀强磁场中的运动问题的解题步骤和常用公式。 　　五、课堂反馈 　　任务 1：如图 6 所示，一质量为 m，电荷量为 q 的粒子从容器 A 下方小孔 S_1 飘入电势差为 U 的加速电场。然后让粒子垂直进入磁感应强度为 B 的磁场中做匀速圆周运动，最后打到照相底片 D 上，如图 6 所示。求 　　①粒子进入磁场时的速率； 　　②粒子在磁场中运动的轨迹半径。 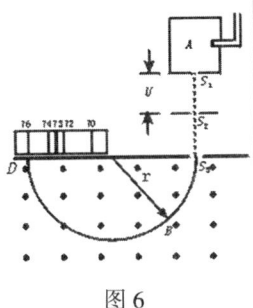 图 6 　　任务 2：下列关于回旋加速器中电场和磁场的作用的叙述，正确的是（　　） 　　A. 电场和磁场都对带电粒子起加速作用 　　B. 电场和磁场是交替地对带电粒子做功的 　　C. 只有电场能对带电粒子起加速作用 　　D. 磁场的作用是使带电粒子在 D 形盒中做匀速圆周运动	

【点评】

这是一份高中物理学科导学案，高中教学受高考之挟一直很难突破知识习题化、任务习题化、学习习题化的误区。相对而言，这份教学设计尝试突破高中学生学习被动的问题，试图通过课堂流程引导学生进行思考、交流和对话。就这一点来说，这种突破是成功的。

但是在各模块学习任务的设计上仍然拘泥于"先抑后扬"的"教"思维。学习任务的设计大可以让学生通过独学环节思考和总结出带电粒子在匀强磁场中运动问题的解题步骤和常用公式，在对学、群学中利用自己的思考就具体问题与同学进行验证，并不断调整认知。展示环节由各组展示思路和成果。

从课堂流程和环节上看，这份导学案简洁、清晰，若细揪内容设置，这份导学案在"习题问题化、问题任务化"的突破上依然保守，"挣扎"的痕迹非常明显。

要解决这个问题，教师需要提升课程整合能力，将学生的学习"设计"为一场活动，彻底突破传统"教"的影子，让学生学习、交流规律性知识，将习题作为自己学习的检测，而非通过习题进行学习。如此一来，学生的学习能力会有更大的提高。

附录：

导学案设计歌诀

导学案不是题，整天批改没乐趣。

学生用，是工具，学习思维是第一。

教师编，是抓手，专业提升立马有 。

教师设计要助推，学生学习才思考。

目标定清晰，流程排顺畅 ；

资源共挖掘，评价学自主。

你质疑，我对抗 ；

他评价，有标准。

学生学得好，老师教得好，

教学相长实现了。

高效课堂小组合作学习

小组合作学习并不是高效课堂的独创，但却是高效课堂建设的工具之一。不能说小组合作学习就是高效课堂，但高效课堂一定会采用小组合作学习的方式。

前期的高效课堂中，小组和导学案同时被认作高效课堂的两大创新亮点。尽管我们认为，高效课堂最大的创新在于课堂流程的创新，但这依然阻挡不了同行对小组合作的热爱。

高效课堂进行了十多年时间，我们对小组的使用有没有进步一点点？或者还是停留在多少人组成小组更合适、小组用什么形式更合适这样的基础问题上呢？

要开展有实效的小组合作学习，首先要明确何为小组。

简单来说，小组即小型组织的简称。小组首先是一个小型组织，将学生从较大的班级组织里重新组合，形成一个更加紧密、有利于相互交流的小型组织。既然是组织，就要具备组织所具备的一切要素。

小组的定义重点在"组织"二字，其次是小规模，这个规模小到什么程度呢？就课堂教学而言，6人最为适合，如果班级人数较多，可以发展"组中组"，即以6的倍数为大组，6人为小组。

"组织"是小组的特点，也就是说，高效的小组必须具备"组织"所具备的一切特点：共同的组织目标、明确的组织分工、科学的合作流程、有效的组织评价、紧密的组织文化、健全的机制建设。

不得不重申的是，如果将"小组合作学习"按语法进行分析就比较清晰：主语是"小组"，状语是"合作"，谓语是"学习"；即小组以合作的形式进行学习，"学习"是小组合作的目的和内容，而"小组合作"才是本质方式。

可见，要做好"小组合作学习"，首先需要做好"小组合作"。明确小组作为组织的特质是进行一切小组合作的重点，教师如果不把握小组作为小型组织的特质，在实践中就难以设计学生的小组合作学习，就会出现无法操控小组的局面：学生分小组以后说话的多了，管不住了；小组合作学习的效率不高；等等。这些都是因为对小组组织特性的忽略。

其实小组合作的方式并不神秘，生活中的许多案例和场景都是小组合作的最佳教材。

组织存在于生活中的各处，无论是国家这样复杂、庞大的组织，还是我们所处的集体、家庭这样的组织，这些组织都具备以上六个特点，任何一个要素的缺乏都会造成组织的混乱和目标无法达成。

家庭就是一个小型组织的典型案例。不管家庭规模大小，家庭里的成员一定有共同的组织目标：健康、财富、和谐等等。如果家庭成员的目标不一致，责任不分担，一方辛苦工作为家庭的财富增加而努力，而另一方却只贪图玩乐，那家庭作为组织一定是涣散和充满矛盾的，也就失去了家庭存在的意义。

事实证明，虽然每个家庭都有各自面临的矛盾和问题，但组织特质明显的家庭，其矛盾化解的速度更快，因为组织内部的方向是一致的，大家都向着一个目标前进时，小摩擦就可以忽略不计。而组织特质不明显的家庭，其模式为"搭伙过日子"的，矛盾产生的数量更多，化解的速度更慢。因为没有共同的目标，所以眼睛都盯在别人身上，感受全放在自己身上。你看我不顺眼，我看你也不顺眼，"挑毛病"成了日常，这样的日子越过越痛苦。

说到底，家庭建设就是组织的建设，是家庭成员之间的小组合作，只有遵循制定目标——分工合作——持续改进的路径，才会使家庭越来越和谐幸福。

除此以外，小组合作还存在于生活的方方面面。组织有长久组织，还有临时性组织。临时性组织的成功也需要具备组织的六大要素，否则难以达成组织目的。

举例来说，请客吃饭就是一个临时组织的建立。请客吃饭的最终目的是要达到"宾主尽欢"。主人和客人组成临时的组织，通过一系列的活动达成"宾主尽欢"的目的。然而不同的合作方式甚至座位排列造成的结果是完全不同的。成功的"小组合作"可以达到"宾主尽欢"的最高境界，失败的"小组合作"也能让人"食不知味"。

在我国很多地区有主人给客人"端酒"的习俗。所谓"端酒"是指主人给客人端酒，客人喝酒主人不喝，一般一个人一次性端3—6杯酒，之后再换人。在此过程客人不得给主人敬酒。小组合作的流程特点是："你喝我不喝，不喝也得喝"，还没有等到主人把端酒的流程走完，客人一方就已经"全军阵亡"。

这样的小组合作，不仅没有实现请客吃饭宾主尽欢的境界，还搞得客人心有余悸不敢再去，实在是因为小组合作的流程不科学造成的。

就像曾经的传统课堂，老师们一科科、一堂堂地将知识"端"给学生，完全不管学生的承受能力，"我讲你就听，不听也得听"，不仅不能实现教学相长，反倒会把学生搞得厌学。

再例如有人宴请远方的客人吃地方特色——火锅。十几个人围坐于一条长条桌，距离远的说话基本靠吼。吃火锅的氛围尽管宽松，也没有过多的流程，仍然会让客人不知所措。

这个小组合作也很难成功，宾主尽欢的状态达不到，"你爱喝不喝，反正我喝"，问问客人吃好了吗，客人只能礼节性地表示"吃好了"，可是肚子空空没有尽兴只有自己才知道。

这不就是我们另一种形态的传统课堂吗？不管学生懂不懂，老师讲完算数。问问学生"懂了吗"，学生只能回答"懂了"。可是一提到上课就头痛，因为只有自己才知道是否学得愉快。

请客吃饭做到宾主尽欢是一门很大的学问，只有"小组合作"的六大要素得到充分体现才有可能达到效果，比如我国山东省的宴请流程就很有成功的小组合作特点。

在山东不论饭局大小都按照标准座次排位。请客的主方设主陪、副主陪、三陪和四陪。为避免引发误会，三陪又称"常务副主陪"。被宴请的一方客人按职级和重要性从主宾、副主宾、三宾、四宾往下排。主客双方交叉而坐，每一位客人身旁都有两位主方，以确保客人能够被照顾到。

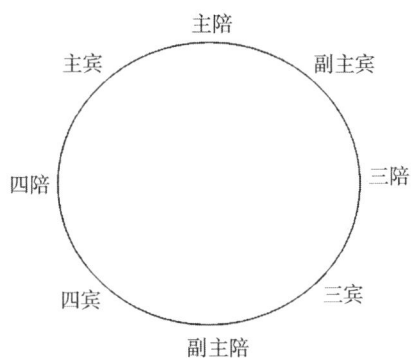

宴请流程一般如下：宴请开始，主陪带领主方所有人敬客人三次，所有人一起喝，比如一杯酒三次喝掉，或者一次一杯。标准提前公布，最后按标准检查，不管你每口喝多少，反正主人第三次敬完后，所有人的酒杯都必须是空的。

之后，由副主陪、三陪、四陪分别敬所有人，包括主陪也再次共同举杯，举杯次数按照3、2、1或者3、3、3。连主陪在内的3杯在内总体取个大家认可的吉利数字即可。这样一来，至少每个人都喝了九次，非常公平。

然而这仅仅是开始！接下来，主人要分别敬自己两边的客人，然后敬其他主人旁边的客人。想想这是一个多么热闹的情景吧，每个人都不会被冷落，每个人都参与其中。

亮点在于宴请快结束时，由客人发言今天是否高兴，是否需要结束。主人当然要做几番推辞，但在客人的一再坚持下，大家尽兴而归。

如果将这个步骤放到课堂，由学生提出来是否下课，效果会怎样？

总结起来山东餐桌上的"小组合作"有以下特点：

1. 角色定位准确：主人为客人服务。从"主陪""副陪"等名称上就可看出。

2. 分工明确：人员排列有序，主方各司其职，客方轻重有序。

3. 流程科学：主方带领大家推杯换盏，流程保证人人参与，是否满意客人说了算。

4. 评价标准公开、公平：区别于有地方的"你喝我不喝"和"你爱喝不喝"，山东的标准是"我们一起喝"，用身先士卒的热情带动大家一起喝。在宴请开始，主方一般会将流程和标准给客人讲一遍，这样客人就能自己掌握进度。

山东宴请从排座、流程、评价以及文化各层面全面照顾客人的感受，靠机制运行，整个流程非常清晰、合理。这种靠机制维持的"小组合作"就比较成功，很多人都使用这种方法，总能实现"宾主尽欢"。

不同的流程在很大程度上受当地文化的影响：有地方战乱频繁，酒作为招待客人的好东西当然要首先满足客人，演变下来就成了"把客人喝倒就是喝好"。有地方产酒、出酒，酒是寻常之物，民风也因物资富饶而相对开放、民主，所以"自便"二字体现最为突出，吃饭宴请也就没有那么多"繁文缛节"。山东是孔孟文化发源地，张弛有度的待客之道也是孔孟文化中精粹的部分。可见文化对合作的形式会产生深远的影响。

现实社会需要更加开放、合作的社会成员，现行教育需要培养学生能力的课程，小组合作不仅是一种教学方法，更是一门面向学生发展的课程。

过往的教学总是强调小组合作学习作为一种教学方法的工具性，但高效课堂既然是全方位培养学生的课堂，每一个技术操作都应该是一门课程，操作者都需要用课程的眼光和思维进行设计。

小组合作学习就是一门非常高效地培养学生自主、合作、探究能力的课程。小组建设的过程就是组织文化打造和呈现的过程。高效课堂的文化是以人为本的文化，高效课堂的小组就是要实现每位组织成员的发展。

因此，就小组性质而言，高效课堂小组是一个经验共同体、责任共同体和沟通共同体。它尊重每一位学生已有的生活经验和学习经验，让每位学生担负起组织的责任，同时在组内建立平等、民主、高效的交流沟通机制。

切记，小组不是为了照顾学困生而形成的小老师团队。

小组设计原则：

◆协助性：无私地为彼此服务，并且不排斥任何一名组织成员

——我可以为别人做什么？

◆激励性：公正地分享收获，只要努力付出就能获得相应表彰

——我还可以做什么？

◆合作性：差异带来合作的可能，充分尊重组内出现的差异性，调动差异间的互补，通过合作实现共赢。

——我们可以一块做些什么？

小组合作学习机制设计原则：

◆分享性：共同分享与任务达成有关的所有信息，分享渠道畅通无阻——沟通交流，充分的自我表达，原则：无等级与秘密。

◆整体性：依靠团队与组织的力量，不是个人英雄主义——全员参与，共同进步。

◆平等性：虽有分工不同，但人人地位平等，平等竞争，平等沟通——培养每个人发表意见的勇气。

◆互助性：尊重多元，鼓励从不同的视角看问题——培养更全面的思维。

◆竞争性：小组作为组织与其他组织进行竞争——构建个人与团队的意识，懂得合作带来共赢。

确保小组合作学习顺畅高效的是组织的文化，也就是组织有共同的信仰和目标。因此，进行小组建设不是单纯给小组取名字，而是要把小组的共同目标和信仰，以组名、组徽和小组公约等外显文化形式的解读，烙印在每位成员心上，成为小组成员共同的信仰。这样才能产生初步的组织文化。

组织文化的发展是一个渐进的过程，组织成员通过在组织目标达成中的思维碰撞、问题解决的方式等，逐步形成文化。

小组成员制定一个在班级中的共同目标，然后一起去完成。这是一个容易被忽视的过程。许多学校在小组建设过程中，认为只要分了组，对学生的课堂行为有评价，小组就应该产生效果。殊不知，正是因为没有"组织"和"组织文化"的概念而造成小组并没有成为真正的学习组织，学生只是以小组的形式围聚在一起，而没有发挥小组的作用。小组的文化建设必须落实到组内的每一个人。

作为课程出现的小组合作，不仅能在课堂发挥作用，还可以拓展成为学生的生活小组。学生在寝室的活动、课堂以外的其他活动、放假以后的活动，都可以由生活（学习）小组发挥作用。生活（学习）小组能够使学生强化组织概念，增进互相了解，亦可以将很多意外事件防患于未然。

至于大家常说的校本课程的开发，小组也可以发挥作用。每个小组可以选一个自己组感兴趣的主题，每位同学就这个主题进行研究，并轮流作为主讲专家与其他组进行分享和交流。这样的课程开发就不再是校方强行设置的，而是从学生中来，以学生为主体的。

高效课堂小组合作学习应逐渐从形式走向一种思维习惯，这是一种尊重所有人已有的经验和智慧，调动每个人的力量完成目标，尊重组织，建立和谐的个体与他人关系的思维习惯。

高效课堂的小组合作学习并不仅仅是一种教学方法，或者"学生需要做的事情"，而是一门看不见的课程。通过这门看不见的课程，要充分调动学生的主动性，培养学生的情商智商，激发学生各项潜能，实现学生自主学习——自主管理——自主发展的目标。

附录:

高效课堂小组建设要素图示

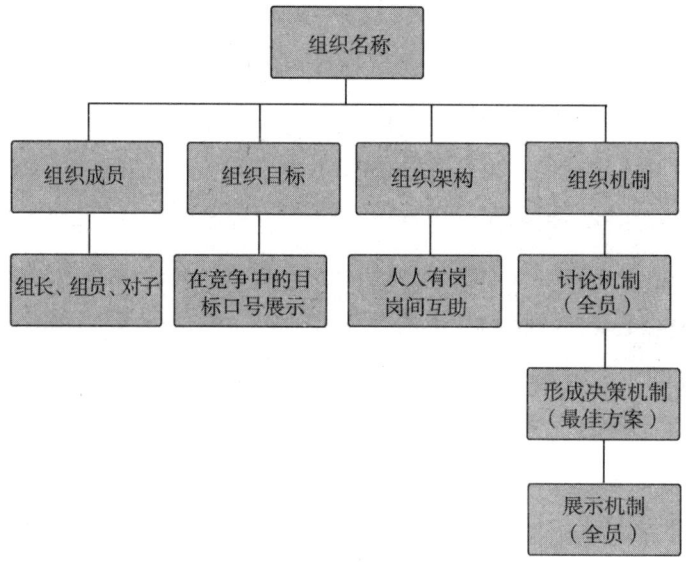

高效课堂管理评价

同样是做高效课堂，有的学校很快上手，而有的学校始终见不到成效。事实是，那些能够很快上手的学校，如果不是做高效课堂，即便是随便做一件全校性的活动，也能够很快取得成果。

同样进行高效课堂建设的教师，有的人课堂能够很快成型，而有的却始终不得要领。真实情况是，前者即便在传统课堂中也是优秀教师，教学管理和班级管理都做得很好。

略微搜索一下有关高效课堂管理评价的相关资料，不难找出各种各样的操作方法和管理制度，甚至很多学校在外出学习时不遗余力搜集各种学校和班级的管理制度，纵使这样，这些制度拿回去却依然不见成效。这又是为什么？

不管如何拷贝和模仿他人的制度、具体的做法，决定行为结果的却是自身的思维和文化。制度有其生长的土壤，要让制度发挥作用必须有适合的土壤，否则制度就只能是白纸上的黑字。这就好比农民种庄稼，让庄稼长出来的是土地，而不是庄稼本身。

从推进高效课堂的层面来看，导学案、小组建设包括课堂流程这些现有的技术，并不是阻碍高效课堂推进的"元凶"。真正的"元凶"是"如何让目标达成"的方式，这就是管理评价。

那些搜罗各种制度的做法，就好比到处选好的庄稼种子却忽略了对土地的培育，无论多好的种子在贫瘠的土地上都无法结出硕果。

我们看到越多成功学校的案例，就越应该多关注学校的管理评价体系以及背后的文化因素。

对管理的粗浅理解是："指挥他人做事情"。在学校环境具体体现为："如何让学生更听话地学习以及让老师更听话地工作"。那些认为拿着他人的制度就能做好事的人大部分都是这样的思想。至少他们认为："我之所以做不了这些事情，是因为我没有这样的制度，如果有了这些东西我的人也会如此听话。"这也是一部分培训机构乐此不疲兜售的概念，他们将不同学校的制度搜罗起来在学校之间贩卖，同时告诉你：只要用了这些东西就管用。

事实却是，这样的做法不仅不管用，反倒把学校逼入了死胡同。学校不停地在换制度，换做法。从基层的角度看，这样的做法暴露出了领导层的无能，反而给管理带去了更多的麻烦。

而真正的管理是指在特定的环境条件下，以人为中心，对组织所拥有的资源进行有效的决策、计划、组织、领导、控制，以便达到既定组织目标的过程。

也就是说，管理的目的是为了达成更大的目标，而非对人的行为进行控制。一个管理良好的机构一定是一个能够完成既定目标的机构。

进行高效课堂管理评价的时候必须明了三个问题：高效课堂管理评价的目的是什么？要达到什么效果？所采取的行为能否实现追求的效果？

高效课堂管理评价涵盖两个层面：第一层面，学校为推进高效课堂建设工作所做的学校层面管理与评价系统建构；第二层面，教师为打造高效课堂所做的课堂层面管理与评价系统建构。

两个层面的管理评价针对的对象不同，追求的结果不同，内容不同，但在本质上却有无法回避的相同。

管理：出示标准。

评价：帮助人们达到标准。

管理体系是各制度及机构之间的关系。评价机制则指运用评价协调各部分之间的关系，使其更好发挥作用的具体运行方式。

高效课堂管理评价体系的建立区别于传统教育中规章制度的建立，虽然规章制度的确是其中的一部分，但我们建立管理评价体系的初衷是能够实现自主运行的机制，形成一种高效课堂所倡导的"以人为本"的人本文化。从学校层面讲，高效课堂管理评价体系旨在让老师能够主动进行改革和寻求发展；从学生层面讲，旨在让学生能够主动学习和进行自主管理。

就管理评价系统本身而言，良好的系统具备以下特点：

1. 目标清晰：每一个人都明确组织要达到的目标以及分解到自身的小目标。

2. 职责明确：每个人明确为了达到目标自己承担的责任，并愿意为此付出努力。

3. 协同到位：组织间的部门和个人能够为了共同目标协同合作，不造成内耗。

4. 评价落实：评价无漏洞，通过评价让人知道怎样做才更好，评价成为自主改进的发动机。

5. 反馈及时：来自外部和内部的反馈能够得到重视，并且能够在最短的时间到达相关部门和人员，实现整改。

6. 文化积极：组织内部的文化积极向上，真实坦诚，好的文化决定组织效率。

就技术层面而言，高效课堂管理评价体系与此没有什么不同。然而因为教育是和人打交道，所以教育管理与普通管理的云泥之别又体现在：教育管理评价的本质应该是"使人变得更好"，而非"把事完成就好"。前者是使人发展为人的人本观，后者是把人当作工具的工具观。

传统课堂中师生关系紧张、学生厌学等状况都来自这种工具观。传统教育评价只强调两点内容：听话和成绩好。这种简单粗暴的评价使学生产生强烈"被工具"的感受，并不能感受到学习的真正快乐。同样在这种评价体系下，教师工作也是"被工具"，不可能产生对教学真正的热情和喜爱。

就高效课堂管理评价而言，最难的部分不是制度如何制定，文件如何书写，而是将高效课堂管理评价的核心精神贯穿到所有的制度中，使以制度为载体的管理评价能够实现人的发展，从而达成组织目标。

高效课堂管理评价中有一句话叫："评价是武器，要什么评什么。"这句话虽然简单却常常被误解误用。

以下三个案例非常常见，也很能说明问题：

【案例一】一所学校进行高效课堂改革，有部分老师不愿意改变，为了使这些老师能够转变观念，校长不停地派这些老师外出学习。可是这样做并不能使这些老师发生改变，反而是其中部分老师认为这样做太耽误时间，外出回来后还要补课，或者请人代课，影响了自己的收入和时间。而学校另一部分想做课改的老师也出现了怨言：想学习的人学不到，不想学的人反倒机会很多，我们这样辛苦地努力，连一次外出学习的机会都没有！还不如不做！学校的课改陷入了困境。

【案例二】老师们总是希望学生能够主动学习，可是每次只要一布置作业或者相关的活动，总是引来学生嘘声一片，学生的学习似乎总是被动进行，老师好像总是那个拿着鞭子在后面鞭策的恶人。时间一长，不光没有调动学生的主动性，连一些愿意学的学生也受到影响，学生不喜欢，连老师自己都不耐烦。

【案例三】学生在课堂发言完毕后，教师将给学生的分数记在黑板上，甚至有些教师是在下一个同学发言完后才给上一个同学评分。评半个学期以后，学生对评价不再感兴趣，评价也就无法再起到鼓励学生的作用。

传统概念中的评价是"找出不符合要求的人"，这样的评价方式在需要主动性的任务当中并不合适，类似工作和学习这样需要极强主动性才能达成更好效果的项目，管理评价应该转向"将优质资源提供给有能力完成得更好的人，以此促进更多的人更好地完成任务"。这就是"要什么评什么"。

在管理中，不要死盯不做的人，而要发动要做的人，团结一切可以团结的力量，用集体的力量"裹挟"着后进者前进。

以上三个现实管理评价的典型案例需要本着这个原则做出改变：

首先，将优质的资源和机会向主动改革的老师倾斜，外出学习、专家指导等机会留给想做的老师，让这些老师先感受到课改的乐趣和魅力。

其次，加大督导帮扶力度，学校成立督导验评组，以年级和学科交叉的方式加大督导验评力度。督导验评不以"处罚和让人出丑"为目的，而是以"发现问题，教研解决问题"为模式，正视问题，用积极开放的心态群策群力解决问题，使每一个问题的解决落到实处，用文件和文字资料的形式做记录。

第三，大量开展展示活动，让展示成为学校的常态，做到人人展示，人人点评，人人反思。课改前期的学校可以就课堂教学进行展示，课改初步成型的学校可就教师的教学思想、教学设计、学科整合等方面进行展示。展示形式多样，论坛、心得、组织活动等都可以成为展示的方式。

一线的教师可以遵循这种思路对自己的教学管理评价进行改进。

许多老师取消了作业，并且宣布作业只布置给那些想攀登高峰的同学。刚开始一些后进的同学很开心没有作业，可逐渐发现越来越多人争着做作业，在这种情况下，心态也会发生变化，也变得主动好学起来。当然，这个过程的实现需要时间，也需要老师智慧的引导。

管理评价的核心不是"让人丢脸或者找出不符合条件者"，而应该成为"让人变得更好和主动去完成更大的组织共同目标"。

案例三中,教师对评价的误解在于"就评价而评价",没有认识到评价是使学生改变的武器。教师设计出符合学生身心和年龄特点的评价体系:低年段对分数感兴趣,高年段对展示自己的风采感兴趣,学生累积分数后可以换取更多的展示自己的机会。

课堂评价要采取即时评价,即由其他学生或者教师将学生完成任务的亮点总结出来,让更多的学生知道如何才能更好。

高效课堂的管理评价在考验每一个设计者对管理评价的认知和执行,其核心在于把参与者当工具还是当人,把管理当作要完成的事还是大家共同实现更大目标的途径。

总之,高效课堂管理评价有以下五个步骤:

一、制定标准:标准可测,人人明确,人人点评;

二、明确权责:形成督导——执行——反馈的闭环;

三、落实评价:评价无死角无延时;

四、运用结果:结果非数字,运用结果进行研讨;

五、活动促进:活动整体贯穿,展示不断,发现不断,鼓励不断,反思不断。

这就是"高效课堂五步管理评价法"。许多学校在这种思想之下创造出了适合自己学校情况的高效运行的管理评价体系。五步管理评价法是高效课堂管理评价体系的核心内容。大到学校层面,小至班级层面,它可以成为一种管理思路在各个层面加以运用。

高效课堂学生自主管理

学校教育不应该成为"完成知识学习"的教育，而应该成为学生成长的奠基，培养学生更高的情商智商，提升学生更强的综合能力，让学校成为学生锻炼能力、挖掘潜力的平台，让学校真正为学生的发展服务。

"将学生看作需要被改造的人"和"将学生看作有一定生命体验和能力的人"，是两种具有本质区别的思维。

"将学生看作需要被改造的人"会导致一切约束、管理、教导、监控行为产生，而"将学生看作有一定生命体验和能力的人"则是一切激发、鼓励、培养、包容行为的基础。

要实现"学校成为学生锻炼能力、挖掘潜力的平台，学校真正为学生的发展服务"这一目标，首先要确立学生在学校的主体地位，最大程度解放学生的学习力和发展力，而不是约束和束缚。这需要最大限度地相信学生，并且为他们打造平台，丰富其经历，发展其见识与能力。

高效课堂学生自主管理，绝不能被狭隘地理解为教师管理学生的另一种方法，而是一门培养学生综合素养的课程，更是学校"以人为本"办学理念的落地操作，是学校"人性文化"民主、平等等特质的集中呈现。

传统的学校管理模式为教师—学生模式，即：教师管理学生，以确保学生更有序地在学校进行学习；领导管理学校，以确保学校有序运行。

管理者和被管理者之间是一种管理与被管理、服从与听命的对立模式。

作为管理生态链中最底层的学生，对立情绪最为严重，他们对学校事务几乎没有发言权，更遑论决策权。无论是学校的文化建设，还是课程设置、活动开展，他们都只能被动接受。在这种情况下，学生的主动性和创造性被磨灭，为了"凸显"自己的想法，通常会采取一些"极端"的做法，比如"乱写乱画"，比如写匿名信"提意见"。这些在传统管理中看似大逆不道的行为，实际都是学生寻求对话的一种表现。另一种表现是学生变得漠不关心，"非暴力不合作"，在找不到适合方式的情况下，更多学生选择以看似顺从的沉默来进行对抗。这与我们所期望教育是互动的、创新的、有灵魂的等等美好的愿望相距甚远。

一所学生与教师、学生与学校、教师与学校水火不容的学校，是不可能有良好办学效益的，也是违背教育初衷的。

高效课堂学生自主管理模式改变"师生对立"的方式，建立"人—校"模式，即学校为人的发展服务，教师和学生都归于发展的"人"范畴，用整体人的智慧带动学校发展得更好，学校的发展又反哺所有人。

高效课堂学生自主管理概念

自主管理作为一种组织管理形式，其本质是从"他律"走向"自律"，其内涵主要为组织成员从组织内被动的参与者变成主动的组织建设者。

具体来说，学生自主管理就是学生组织内部成员为实现组织愿景而采取的主动约束自我、控制自我的行为，并且以自我发现问题、自我分析问题、自我解决问题为行为模式解决组织中出现的问题，通过自我的提升与超越，将个体发展目标与组织愿景目标有机统一起来，变"别人要我做"为"我要怎么做"来达成组织目标。学生自主管理模式下的组织成员人人都是组织管理的主体，都有参与组织管理和建设的渠道。

高效课堂学生自主管理目的

1. 以平等的态度充分尊重学生作为"人"的主体性，充分发挥群体的主动性。

2. 培养学生管理自我及参与公共事务的能力，提升综合素养。

3. 激发师生智慧，将金字塔式层级集权管理发展为有民主、合作特质的目标导向式扁平化管理。

高效课堂学生自主管理与学生干部管理模式的区别

高效课堂学生自主管理并不是学生干部管理模式的改良，而是彻底的颠覆与突破。两者有着本质的不同，其管理目的、管理文化、实施效果有着天壤之别。

学生干部管理模式是最为常见的管理模式，但其带来的弊端非常突出：

1. 学生干部的选拔多以成绩好、听话为第一选择条件，片面的选择标准剥夺了多数学生发展的机会。

2. 学生干部管理用一帮所谓"优秀"的学生去"管理"其他学生，其本质是"替老师干活"：行使特权代替教师管控、监视其他学生，并向老师汇报。随着学生年龄增大，这种方式越来越不被接受。许多教师不明白为什么现在很多学生不愿意当班干部。其实"家长不允许、时间紧张"之类多为借口，真正的理由只有一个：他们不愿意被其他的同伴叫作"走狗"，或者去做一个"告密者"。当学生干部只是帮老师干活，却不会有助于他们去赢得生活中的朋友。

让学生成为"告密者"或者"精致的利己主义者"的教育是最糟糕的教育。

3. 学生干部管理模式依旧是集权式管理模式，于整体学生的培养无益。学校并不是为一部分"精英分子"开办，必须考虑到让所有普通的学生也因为教育变得不普通，能够找到自己的方向，实现自己的人生价值。

集权和压制式管理已经不能适应现代学校发展的需要。"以人为本"教育理念的落地，以保护学生、丰富学生和发展学生为原则，构建学校课程和管理体系，让学校的每一项工作都体现教育的内涵。

高效课堂学生自主管理原则

行动原则：学生能做的事情让学生做

高效课堂学生自主管理建立于"认同学生主体地位"的基础上，相信学生有足够的智慧和能力解决与自身有关的问题，即便一时不具备相关的能力，也能通过活动的完成逐步培养对等的能力。学生通过进行自身管理、参与班级管理、参与学校管理等与自身密切相关的活动，实现能力的提升，建立主动性和责任心。

"学生能做的事情让学生做"是指在学校活动中，与学生相关的诸如常规制度制定、课程设置、常规管理、活动策划、组织、实施、校园文化打造、自主管理组织的建设甚至新教师培训等工作，只要学生能够参与的都让学生做，让学生充分参与到学校管理与建设中，增强学生的主人翁意识。常规制度，如小组公约、班级公约、年级公约、学生守则等，由学生参与制定会提升其遵守的程度和互相监督的程度。校园活动的策划与实施、课程制定等活动让学生参与会更深得人心，学生认同学校的价值和目标，有助于达成学校作为组织的愿景目标。

学生能做的事情让学生做，不同成绩阶段、不同年龄阶段、不同性别的学生都能在学校为其开放的事务中找到自己的兴趣点和发展点。

因此，无论是班级层面的学生自主管理还是校级层面的学生自主管理，学生能做的事情让学生做，是学生自主管理原则的首要也是唯一行动原则。

指导原则：学生主体，教师助推

教师在学生自主管理中的角色不是主导、控制、指挥或协调，而是具备设计和服务特质的教练员。教师角色的转变带来师生关系的转变，教师用自己的专业知识和丰富经验帮助、培养学生取得成功。

"学生主体、教师助推"是高效课堂学生自主管理的指导原则，很多时候并非学生不知道怎么解决问题，而是教师不知如何放手。

放手让学生自己解决问题，教师把握方向性和节点问题。

来自学生的问题，放到学生中去。通过学生组织开展的活动和讨论，学生自己拿出解决方案。

教师用平等的心态与学生进行合作，共同解决问题，提升学生发现问题、分析问题、解决问题的能力。

组织原则：行政扁平，交叉监督，多元共促，平等共生

学校成立学生自主管理委员会，班级可成立班级自主管理委员会，是学生自主管理组织的核心。学生自主管理委员会不是学生会，后者属于社团性质的学生自发性组织，而学生自主管理委员会是具备行政职能的由学生组成的具有决策权的学校行政职能部门，和学校决策层面的校委会同级。

学生自主管理委员会的产生首先需要确定一名学生校长。学校制定出学生校长标准和工作职责在全校公示，举行全校规模的学生校长公开竞选演讲，通过全校民主选举产生学生校长，学生校长发表就职演说，并从其他竞选者中组阁成立学生自主管理委员会。

学生自主管理委员会是一个扁平化管理的组织，各部门事务和各委员间交叉监督，自主管理委员会部门设置又与学校已经存在的职能部门一一对应，通过师生合作搞好各部门的各项工作。

学生自主管理委员会的存在性质不是教师职能部门的附属，而是平等共生的关系。通常学校管理工作都从教师的角度进行考虑，而有了学生自主管理委员之后，提供了从学生角度看学校、看教育的条件。对教师团队而言，这是一种专业学习与成长；对学生团队而言，通过参与学校的管理更加了解学校工作，有助于整体改善和优化与教师团队的关系，

增强理解和沟通。

高效课堂学生自主管理文化

高效课堂学生自主管理核心特质不是"学生和老师作对"或者"学生取代老师",而是"自律与合作"。

开展学生自主管理可以取得两个明显效果:①解决学生管理中出现的问题;②培养学生解决问题的能力。

管理的最高境界是自主管理。学生问题的解决不能依靠压制,而要帮助学生从"他律"走向"自律",激发学生内在的约束力和责任感,用"我想做""我要做""我要做得更好"的主动心态指导自己的学习行为,规划自我发展,变被动、消极的状态为主动、积极的状态。

学生自主管理可以说是高效课堂高级阶段的产物。高效课堂建立了学生自主学习的习惯和能力,继而要通过自主管理发展学生除了学习管理能力以外的更高级别和多元的能力,最终实现学生的自主发展,即从自主学习走向自主管理实现自主发展。

学生自主管理的成功建立于高效课堂开放、积极、包容的文化之上,但又不限于此。

学生自主管理组织的成员不是教师代言人,而是广大学生的代表。他们代表其他同学参与相关事务的管理,即学生内部平等;学生自主管理组织是具备行政职能的学校部门,即师生间平等。

高效课堂学生自主管理的模式是:人人管理自己,人人参与管理;目标管理——制度管理——愿景管理是学生自主管理的必经之路。学生自主管理的文化建设应具备平等、公开、自律、动态等特征。

总而言之,高效课堂学生自主管理文化就是让学生"做主",成为学校的"主人",成为自己的"主人"。

高效课堂与公开课

每一堂高效课堂的课都应该成为公开课。

还原公开课

公开课，英文称作 Demo Class，Demo 一词来源于 demonstration，意即展示。这样一来"公开课"很容易就被理解成了"示范课"。这也就不奇怪为什么公开课总要被竭力打磨，甚至不惜作假，因为公开课满足了人们基于"展示、示范"的理解："好的东西才成为示范和展示"，"好的东西总是没有瑕疵的"。

其实公开展示的课未必应该是好的课。公开展示课应该展示执教者独立的思考和对于教育教学的认知，至少应该是一节有研讨意义或者能引发争鸣的课，而非一节毫无悬念的"好"的假课。

对执教者而言，公开课是其充分展现自我对教育教学思考的机会；对于公开课的定位，也应从绚烂归于平淡，公开这个词本身就是中性的动词而已。

如何评价一节公开课

评价一节公开课是很多老师职业提升的途径。当我们会评价一节公开课的时候意味着对教育的认知开始趋于理性和客观。

传统评课标准如下：教师教态好，教师普通话标准，板书设计好，课堂流程顺畅，环节清晰，教学效果好。

这样的评价标准催生了传统表演式公开课：教师教态好——年轻长相姣好者上；教师普通话标准——普通话不好的不能上；板书设计好——年级组帮忙设计板书；课堂流程顺畅，环节清晰——反复打磨课堂，教师背串词；教学效果好——让学生一块作假。

上公开课的教师最紧张学生"启而不发"或者"不配合"，这促成了公开课的"表演基因"，有这样的基因存在，公开课就无法客观、真实。公开课首先必须是一堂真实的课，一堂真实的课就必须接纳学生"学不会"，而以公开课作为案例的研讨就应该以挖掘"为什么学生启而不发"为内容，改进教学设计，对学习真实发生过程进行研讨。

一堂真实的课，也是学习真实发生的过程：教师如何设计学生的学习流程和学习内容，帮助学生从不会到会，从会到更优。

可惜的是，很多公开课都看不到学生从不会到会，从会到更优的过程；反而是学生好像本来就会，或者学了半天还是不会，课堂"进度"却往前推进了。

公开课评价标准

一节公开课以"三看"作为评价标准：能看、好看、耐看。具体来说需要回答以下三个问题：课堂设计是否展示真实学习过程？学生是否在真实学习？教师是主导者还是助推者？

1. 一堂能看的课，起码是真实的课

学生和老师都"演练"过许多遍却还依然如新的表演课、作假课，是不能看的课。

"能看"标准的另一具体体现是：有基本流程的课。

　　这样的课清晰明确，学生有明确学习目标和学习任务流程，能看见学习掌握在学生手中并且真实发生。

　　一个真实的学习过程是以确立学习目标开始，以围绕学习目标搜集信息——形成自我见解——分享见解——收取反馈——调整认知为途径步骤，以最终达成趋近于学习目标的认知为结束。

　　既然是真实学习过程，那一定要看学习者的学习过程，而不仅是听讲和答问过程，因此需要看到教师对自己的课堂是有设计规划的：课堂达成目标是什么？如何通过构建学习任务来达成此目标？这当中需要注意的问题是，课堂达成目标是否满足学生学习需求，学习任务的构建是否让所有学生有机会参与。这样的设计是以学生为主体的设计。

　　2. 在"能看"的基础之上再看一节课是否"好看"

　　一节"好看"的课，以学生表现为看点，看学生如何真实学习。学习者是否真实学习，从学习状态能够看出来。在学习状态的学生是专注的，会因为顿悟而眉飞色舞，也会因为找不到路径而神情严肃，或者因为坚持己见而面红耳赤，而不在学习状态的学生，会因为专注在自己的行为上仅仅让自己"看起来很认真、很规矩"。

　　投入到学习中的学生会积极大胆地提出自己的疑问，甚至去质疑、和别人争辩，而不在学习状态的学生，只会乖乖地听老师的指示，观课人一多，自然会紧张，会变得难以调动。这就是公开课教师常说的"学生调动不起来"。

　　学生调动不起来不是学生的问题，而是教师的设计没有满足学生学习需求，进而无法使其进入到学习中去。这也是公开课中教师最头疼的问题。可恰恰是这个问题揭示了"课"的真谛：看课要看学生，只有学生的表现和学生的学习反应才能真实反映教师教学水平。

　　一节"好看"的课真实反映学习者学习过程，也因为学生投入到学习中，师生间形成"学习"的氛围，在讨论、质疑、相互的思维碰撞中，一堂课才显得生动、好看起来。

3. "耐看"是课的最高境界

一节耐看的课经得起推敲，细细品味会觉得教师的用心良苦。教师的每一句评价、每一个指令和每一个行为都能看出其对学生的学习进行构建。

观课往往会有这样的经历：某个时刻教师说的话是多余的，或者某个活动毫无意义。这样的感觉揭示教师并没构建学生的学习，反而成了学生学习的阻碍。一堂好课，教师会根据学生的学习情况适时调整设计，给人感觉教师一次次根据学生的情况将学生"推"向更高，学习目标的达成是学生的，兴奋和骄傲也是学生的，但功劳却是教师的。

简单来说"能看的课"真实展现学生学习过程，"好看的课"明显以学生为主体，"耐看的课"则体现教师对学生学习设计的功底。

如何上好一节公开课

公开课是教师专业发展非常好的途径。通过上公开课，教师可以全面展示自己对教育教学的理解，以课堂研讨为载体来反思自己的教育教学行为，进而实现全面提升。同时，上公开课对培养教师的情绪、应变都很有好处，做老师的应该争取多上一些公开课。

那么如何上好公开课？

基于前面对公开课评价标准的确定，千万不能把公开课当成个人演出，如果一定要当成个人演出的话，请一定记得，评价你演出是否成功的标准始终是学生！

公开课不是表演课，它是承载了教师对教育教学思考的活动，因此，教师始终要立足课堂体现自己的教学哲学（Teaching Philosophy）。一个好的老师一定是让学生学好的老师，因此，一堂好的课，一定是让每个学生学好的课。要上好一节公开课需要做如下准备：

1. 明确学生要学什么；

2. 明确构建学生学习的任务用何种方式呈现；

3. 打算如何评价学生的学习；

4. 评价如何激励学生的学习；

5. 开放的态度，平常的心态。

大部分老师上公开课感觉紧张的原因，就在于把公开课看成一场关于自己的秀，而把学生当成自己演出的道具，认为"别人是来看我怎么上课的"。因此，一旦出现和预设不一致的情况就不知道该如何是好。

其实大可不必这样做。开放的态度和平常的心态是公开课成功的前提。不妨勇敢地想象"别人是来看学生怎么学习，我怎么设计学生的学习的"。开放的态度是指在课堂上以开放的态度面对学生的失误和各种异常情况。教师在课堂上处理好这些异常情况就是一个真实的课堂。

无论任何时候，公开课依然是课堂，依然是学生学习的场所，因此，教师大可以把"秀场"让给学生，观课者更愿意看到学生的精彩表现而非教师，一旦学生的表现精彩，对教师的评价自然就高了，然而这种精彩的表现通过作秀是很容易被识破的。

用好一节公开课

公开课是教师专业提升很好的素材。对于执教者本人来说，要用好公开课做好以下几方面的专业提升：

1. 利用公开课准备过程提炼自己的教学哲学，让自己专注于这样的问题：我想呈现一个什么样的课堂？我对于学生学习有什么价值？

2. 利用公开课准备过程磨炼自己的教学流程。好的课堂一定要有教学流程，大部分课堂的教学流程都模糊不清，因此效率低下。因为公开课较之常态课更讲求单位时间内的达成度，所以教师应该力求课堂环节简洁明晰，减少对学生学习的干扰。

3. 利用公开课深刻体会"学习是学生的，课堂效果是学生学习效果"这句话的含义。任何一节公开课，离开了学生的表现都是失败的。

对于观课教师来说，公开课也是很好的专业提升途径。观课者要思考以下五个问题：这堂课的设计是否围绕学生学习展开？执教者是如何构建的？执教者如何实现构建的？是否有多余环节，或者环节是否可变？若是自己会怎样设计这堂课？

经常有老师观课只关注了执教者采用的具体方法而忽略了方法背后的思考和设计意图。要想通过观课进行专业提升，必须带着以上五个问题进行关于课堂设计的系统思考，而不能仅仅局限于对课堂活动和表现形式的探讨。

用好公开课，是教学及研究人员的一门功课。公开课可以是风向标，也可以是警戒线。因此，在观课时应该关注公开课评价标准是否符合教育规律，如果像之前所描述的传统公开课的标准一样，已经导致教学和教研"跑偏"，遇到这样的情况应该及时做出调整。

关于常态课

和公开课对应的是常态课，意即平常状态下的课。这平常状态下的课应该是什么样子？又如何保证常态课的质量？

1. 常态课是课

所谓"课"，从构字法来说，"言"字旁加一个"果"，可以理解为说话有结果。一节课，不管是老师还是学生，说话最后都要有一个结果。学生的结果是学到东西，教师的结果是使学生学到东西。所谓常态课，首先是课，其次才是常态。"课"限定了常态活动的性质，而常态要求了"课"的质量。

之所以这样说，是因为发生在教师与学生之间的常态活动，不能够用几十位学生的时间去换取一个精英学生的展示，更不能用所有学生的一分钟去换取教师的不知所云。教师和学生的常态活动要保证有效果，每一分钟都应该有价值。学生的学习应该被很好地设计和安排。

为什么说常态保证了课的质量？常态意即平常的状态，不管逢考试还是放假，逢检查还是开放日，课都应该是课的样子，应该是常态的，不是表演的或者造假的。不能够因为要考试了就集中上课，不能因为考完试了就给学生放羊，也不能因为领导来检查就把上过的课重新上一遍，更不能因为开放日就认真上课而平时就随随便便。

课应该是常态的，学生学习和教师教学的效果应该是常态的，学生每天到学校来学习都应该学到一些东西。教师工作的巨大意义在于教师每天都在影响学生的生命。

2. 如何上常态课

现阶段来讲，用公开课的标准去要求常态课，在实践中有些苛求。然而无论哪一种课，都必须以学生状态为最核心。

现在大多数的课堂是"死"的课堂，学生没有活力没有生气。走到课堂去，可以看到学生即便被老师拎起来发言也是有气无力，学生根本不想说话，因为无话可说，想说的话不让说，让说的话又不想说。在学生的表达权利没有被充分尊重的前提下，学生是不愿意说话的。

因此，常态课首先是让人说话的课，教师要设计学生说话的环节，让他们在这些环节当中充分表达己见。说话不是因为被点名，而是因为愿意说、想说，有东西说。让学生说话而不是点名发言。通常人们说话是因为想说，而不是因为该说，学生也一样，要让学生在你的课堂上想说话，要开放课堂，让他有说话的勇气和欲望。

光说话还不行，说话还得有结果，因此这些环节的设计要围绕学习内容展开。学习内容的开放性决定了学生有多少东西可说、想说、能说。通过说话，通过互相的交流，学生学习有一个结果，一个能够展示出来的结果。

其次，一个常态课要保持常态，不能因为外界变化而变化太大。常态不仅是课的状态，更是教师和学生的状态，教师和学生的共同学习行为成为一种平常状态，只要两者碰到一块就各自归位自己的角色，教师为学生搭台，让学生充分展示发展。

保证常态课的质量最关键一条是教师持有"不浪费学生一分钟"的观念，这种观念下的课堂完全区别于老师讲学生睡的常态课。在这种教学理念下，教师保证自己的课堂让学生充分表达，环节设计紧凑，从根本上保证了常态课具备"课"的要素。只有保证了学生具备了"学"的姿态，才能保证基本学习效果和课堂效果。

常态课就像是素颜的路人，每天都会见面，但我们也绝对希望他是精神抖擞、充满力量和希望的。公开课就像偶尔为了角色需要穿上盛装的人，打扮得更为华丽一些，但不能丢掉了真实的面目。

从公开课到把课公开

公开课这个词不知道是谁发明，从何时起在教育圈里开始"横行霸道"起来也无从考证。公开课这个词本身的逻辑硬伤，将教学研讨引入歧途，异化课堂，妖魔化教师。

按照现代汉语的表述法，和公开课相对应的是私房课。那么这个公开和私房针对谁而言呢？显然不是针对学生而言，因为不管是公开的还是私房的，对坐在那里的几十名学生来讲，他们绝对不是在相对封闭的私人空间，对他们每个人来说，他们是在一个公共空间。这个公开显然针对的是上课教师。在一个全是孩子的空间里，对唯一的成年人而言这个空间自然是相对封闭的，这种成年人特有的"安全感"非常明显，因为"小孩子怎么糊弄都成"。因为这样，也就有了"推门课"一说。"推门课"意即随便谁随便什么时候推门就能看的课，绝对没有糊弄。中华文化的博大精深由此可见一斑。

　　这两种表述恰恰揭露出目前教学的虚伪。课堂既然是教师工作的场所、学生学习的场所，就没什么不好公开的，任何时候对任何人都可以公开，都要经得起公开。可是一朝有了"公开课"的标签以后，课堂的私密性突然就变得理所当然起来，于是大部分的课成了老师们的私房课，关上门不让看，不敢让人看，只有公开课，才能够让大家看。在学校里出入常常听到老师这样辩解："我这不是公开课"或者"公开课我肯定不会这样上"。再或者校长说："楼上有节公开课，您上去看看。"这样的对立，将很正常的教学行为异化为一种表演行为，使公开课成为表演课、作假课。为了这公开的课能看、好看、耐看，于是大家要去打磨它，精心地雕琢它。

　　打磨一节公开课，同样的课题在不同的班级反复上，对学生而言这算是比较人道的。不人道的做法是什么？同样的课题在同样的班级反复上，集全组全校之力打造一节课，到正式上课时，学生还要装作是第一次上此课题的课。很多老师不到正式上课就已经濒临崩溃。公开课，是教育界里最公开作假却又备受追捧的行径。

　　教师的责任同时也是教师发展的最佳途径是，从"公开课"走向"把课公开"，按照"公开课"的备课标准准备常态课，让每一节课都流程清晰、紧凑，让每一节课都具备"能看、好看、耐看"的特质，让"公开"的标准成为常态。

第三章

高效课堂支撑

高效课堂核心关系

从表面看，高效课堂做的是方法的创新和观念的转变，但最核心却是基于关系的研究和改变。以下关系的改变是打造高效课堂的核心支撑，没有这些关系的改变，课堂无法变成高效课堂；有了这些关系的转变，课堂是高效课堂无疑。

教师和学生的关系

教师和学生都是独立生命个体，两者之间首先是平等的人与人的关系。这对平等关系的相处中，教师要做到对学生的全盘接受，尊重学生作为独立生命个体的存在感、价值感。一切的交往基于人与人的平等交往。简单说，如果同事帮忙端水，需要说"请"和"谢谢"，就用同样的心态请学生帮忙；如果害怕自己"出言不逊"得罪了同事、朋友或者家人，对学生说话时也应同样谨慎。这就是最基础平等关系的体现。

其次，教师和学生是成年人与未成年人的关系。成年人面对未成年人的责任和行为准则是：保护儿童、丰富儿童和发展儿童。作为成年人的教师有义务保护学生身心灵和各项权利、权益不受到有意或无意的侵害；教师有义务丰富学生的学习和成长经历，使学生得到全面的发展；作为成年人，教师的责任不是限制和约束未成年人，而是让其发展得更好。因此，教师要不停反思、调整自己的行为，为未成年人提供更多发展的机会与养分。

再次，教师和学生之间是教学者与学习者的关系。学生是需要知识和技能学习的学习者，而教师是拥有专业知识和技能的教学者。教师的专业知识和技能并非仅仅是学科知识和教学技能，而是基于学习者行为和心理研究、学习过程研究等全方位的专业知识和技能。虽然任何职业的成年人，比如公交车司机、售货员或者家长在面对未成年人的时候都可以做到保护、丰富和发展的六字方针，但是他们没有办法给其专业知识学习和学习技能的提升，而这恰恰是教师的工作内容，是由教师职业角色决定。所以，教师要帮助学生获得学习的能力，这是任何其他成年人角色都不具备的专业能力和职业要求。

讲和教的关系

"为什么我教了，他不学？""我教了，他不学我有什么办法？"实际教学中总会面临这样的挫折。这种境况让人非常沮丧，听起来就好像："我表白了，但是他不爱我。"这种沮丧其实毫无道理也无法同情。"因为我爱你，所以你必须爱我"是一种很"强盗"的逻辑，然而教师对"因为教，所以学"的固执，有时候比这种爱的逻辑都要"强盗"百倍。

"我爱你"是"我"的感受，"你爱我"是"你"的心情，两个主体不同，无法因为"我"的感受而要求"你"的心情。所以后来很多人在经历了碰壁和沧桑之后说出了"我爱你，与你无关"这句让人唏嘘不已的感叹。对于两个独立的生命个体来说，不可能有"因为我这样所以你那样"的对等逻辑。

现实中的另一误区是，把"讲"等同于"教"，认为：讲了＝教了，"讲"得越多＝"教"得越多。

"讲"和"教"虽然都是动词，但"教"能概括老师的工作，"讲"却做不到。"教"是构建学生学习建构的行为，是一种构建，而"讲"只是构建中采取的一种方式，"讲"不等于"教"，"讲"只是教师完成"教"这个工作的诸多方式的一种而已。就教师的教学工作而言，一个完整的"教"应该包括：目标设定——整体规划——分步实施——过程管理——评价反馈——自我改进。这其中，教师可以讲也可以不讲，学生学习目标达成，即便教师一句话也没有说，同样也是教学成功。

所以，上文抱怨的真实情况是："我讲了，他不学。"这样一来这个"冤案"就清楚多了：只是说了一句"我爱你"就要让人以身相许，这显然是不讲道理。要让人以身相许，不能只靠嘴上功夫，必须要做"爱的行为表达"，要在对方心理构建出"他爱我"的认可，通过你的构建让人感动，让人心甘情愿。为什么男人追女人要送花，要买大钻戒，要风雨无阻地接送？就是因为只有做足了"我爱你"的行为，立体构建"我爱你"的表达，才有可能在对方心里产生涟漪——"他原来如此爱我"，才有可能抱得美人归。没有一个男人靠着每天打电话就能把美人娶回家的。这就是建构主义的真谛。

说一句"我爱你"就要别人嫁，姑娘不从就发火抢亲的，那是土匪要流氓，不是真感情。老师不要这样，应该通过正确的教学行为构建学生的学习，学生才会"学"才会感激。

听和学的关系

长期以来，教师做足了"讲"的工作却没有进行"教"的构建，受相同思维的影响，"听"和"学"也存在同样的误区。

几乎所有的课堂都能出现"教师经典三问"：

教师经典第一问：听到了没？学生答：听到了。

教师经典第二问：听懂了没？学生答：听懂了。

教师经典第三问：那为什么还不会?！学生无法回答，老师也是无解。只能将此归纳为学生不用心、不努力。

"听到＝听懂＝学会"这个经典三问的逻辑可经不起推敲。"听到"是器官的能力，即听力具备；而"学"是构建，是"不会"到"会"，目标达成的过程。

学习者从"不会"到"会"达成学习目标，要经历六个步骤，构建成一个学习的闭环，而"听"只是其中一个步骤涉及的方法之一。知识可以记忆，而知识的运用却是一种技能。任何一种技能型的学习都不可能"听会"，只能通过不断的操练、反思、改进，才能越来越接近目标。

学习者学习过程

一个学习开车的人，无论听多少遍理论和驾驶要领，都必须要经过驾车的实践才能学会开车；背菜谱也不会培养出一个特级厨师。

教和学的关系

理清了"讲"和"教"、"听"和"学"的关系，再来梳理"教"和"学"的关系。对"教"和"学"关系的处理决定教师教学的效益达成。只有将教师的"教"和学生的"学"有机统一起来，而不是割裂开来，才会从其中找到提高教学效益的机关。

高效课堂是站在学生"学"的角度进行的课堂设计,"学生学好了＝教师教好了",是高效课堂教学关系的核心。

"教"的流程:设定教学目标,针对教学目标进行整体设计规划,确立达成步骤,根据反馈调整步骤,教学目标达成。

"学"的流程:设定学习目标,针对学习目标进行信息搜寻,形成独立见解,分享独立见解,根据反馈调整认知,内化形成趋近目标的独立见解。

"教"和"学"并非对立。教师教的内容就是学生学的内容,教师教的步骤就是学生学的环节。从理论上讲,教师的教和学生的学应该高度统一。那么到底是什么造成了教和学这对本应该高度统一的关系在现实中的对立呢?

造成现实中教和学对立状况的关键,在于教学目标和学习目标的不统一、教学流程和学习流程的不统一。

学生的学习目标应该是运用知识的能力,知识作为载体;而教师的教学目标往往只能停留在知识载体层面,教学设计环节无法体现并帮助学生内化,因此也就使得学生的学习目标无法实现。

源于对"讲和教""听和学"关系的误解,教师的教学流程与学生的学习流程成为两张皮,即教师以"讲"为流程,学生以"听"为流程,这样的流程无法实现学生的"学习"。

有一位美国留学的学者以父亲的角度写了一篇儿子到美国以后上学的文章。这篇文章记录了他小学三年级的儿子到美国以后,根据老师布置的学习任务到图书馆查阅大量资料并形成论文表述自己观点的一个学习过程。这在美国是非常普遍的做法,并没有什么独特之处,却让这位在国内完成学位的父亲感到不可思议,惊叹美国教育对学生能力培养的力度之大。

这恰恰是中西方关于"教"和"学"理解差异的案例。教学目标都是培养学生的能力，但理解却不甚相同。一种是"能力培养＝能力培养"，另一种是"学科知识的掌握意味着能力掌握"；前者的教学围绕能力培养展开，而后者的教学围绕学科知识展开。

好比大家都想让学生去月球进行探索，对于学生来说学习目标是：去到月球。"能力培养型"教师直接把教学目标定在了"如何去月球"的学习，教学流程为让学生围绕月球特质讨论如何去，需要做哪些准备，并进行相关准备；"知识传授型"教师认定掌握月球知识就能够去月球，于是把目标定在了"月球知识"的了解和掌握，学生进行了大量关于月球知识的记忆和学习。到了要付诸实施的那一天，能力型学生因为有装备有准备，嗖一下子直奔了月球；而知识型教师却骂着自己的学生说："你什么都知道怎么就飞不上去！"学生也委屈，老师也委屈。

满腹的月球知识幻化不成翅膀，学生变不了嫦娥飞月球不是学生蠢，而是教师的教学逻辑的失误。

"知识型"教师认为：学习月球知识＝具备月球知识＝上月球的准备＝上月球的能力，所以，月球知识＝上月球的能力；而"能力型"教师却认为：上月球的能力准备＝上月球的能力。具备月球知识只是上月球准备中的一小部分知识储备，并不等于具备上月球的能力。只有进行上月球的能力准备，才能具备上月球的能力。

从教学结果来说，"能力型"老师的学生上了月球，而"知识型"教师的弟子成了资料库。

对照"去到月球"的教学目标，教学成效是否低下，为何低下就一目了然。

因此，基于对教学目标的不同理解而设计的不同教学流程，会导致天壤之别的学生学习效果。从某个层面讲，知识型教师并非没有达到教学效果，其特定目标下的教学效果和学生学习效果都达到了，但因为对目标进行了错误的解读而造成无法达成最终意愿目标。

教学者需要站在学习者的角度进行分析：到底需要学习什么？怎样才算学会？并将这两个问题的答案设计成自己的教学，教和学就实现了空前的统一。

教学进度和学习进度的关系

教学进度是教师常挂在嘴里的一个专业词汇。能否完成教学进度是学校对教师工作进行考核的主要指标之一。然而在教学进度的问题上却存在一个几乎被忽略的误区，导致虽然教学进度完成学生学习情况依然不理想。

对教学进度的考核源自对教学目标实现的保障措施，而教学目标的实现离不开学生的学习进度。教学进度同时包含"教"和"学"的进度，将教学进度单纯理解为教师教学推进的速度是一种误区。"教学进度怎么样？"这句话的含义是："学生的学习目标是否达到？"而不是"你讲完了哪一章？"然而在实际工作中"教学进度"的理解逐渐异化成了后者。

"教学进度"应该同时包含教师教的进度和学生学的进度，对教学进度的考核应该以学生是否达成学习目标为标准，而不是以老师上到哪一章节为标准。

教育教学之所以生动，在于其目标达成必须由学生体现出来，靠教师自说自话是无法完成的。教学就像谈恋爱，进度取决于对方的接受程度和反馈，而非取决于自己。好比回答"恋爱谈得怎么样了？"这种关于进度的问题，绝不会有人理直气壮地说："反正我搞完了！"教学中的互动特质和恋爱中的互动特质本质上没有多少区别，甚至异曲同工：教学和恋爱成功与否都取决于对方的反馈，进程也取决于对方，牵手、搂腰、入洞房，对方一个不乐意，自己的进度越快，对方反弹就越大，后果越严重。

所以"教学进度"必须是教师教的进度和学生学的进度的高度统一，不能用教师教书的速度来代替学生学习的速度，将两个概念混为一谈。

主导和主体的关系

课堂中谁是主体决定了课堂的性质；谁做主导决定了课堂的性质是否会被改变；主导和主体如果不能统一起来，主体的意义就被架空，主导就变成了主体。

能够主导独立生命个体的，到底存在于生命体的外部还是内部？每一个独立生命个体面对外部力量时，都会根据自身的意愿和情况做出对自己最有利的选择。这种选择是对外部力量做出的反馈。

当外部力量完全与个体内在意愿违背时，外部力量的作用就显得微不足道，个体总是会做出与内在意愿一致的决定。如果不得已做出相反的决定，其愉悦性就会锐减，继而导致主动性的丧失。

当外部力量恰好符合个体内在意愿选择时，看起来外部力量发生了作用，但这仅仅是"看起来"而已，真正发生作用的依然是个体内在意愿。

不管是否情愿，教育者都必须承认摆在面前的事实：在学习和成长这件事情上，外力所能做的其实少得可怜；如果不重视学生自身的意愿和内部的力量，外力不仅不能达到期望的效果，更有可能带去破坏，事与愿违。

毫无疑问，任何作用于独立生命个体的外部力量，都必须经由该生命体内化后才会发生作用并产生影响，实际发生主导作用的是独立生命体内部的力量。

学生既已成为课堂主体，就必须尊重学生内在的力量，承认和接受主体具备的主导性，不能无视甚至强加主导力量。

课堂教学关系中，教师与学生之间的关系并非呈现为主导与主体的关系，而应该成为助推与主体的关系。只有明确教师的助推，才能确保学生的主体。高效课堂教学关系和师生关系及角色可以用一句话概括：学生主体、学情主导、教师助推。

"人"与"工具"的关系

"人"与"工具"的关系是高效课堂文化的集中体现。确切地说，高效课堂先实现了"人"从"工具"中的剥离，再重塑了"人"和"工具"之间的关系。

高效课堂建设是系统工程，诚然实现教师观念转变可以通过课堂教学技术的植入，然而思维方式的转变和固化却必须依靠文化的力量。

"高效课堂文化"是相对于课堂和学校文化集权、被动、封闭、功利、工具化等倾向而提出的。课改文化，是一所学校在进行改革的过程中逐渐形成的具有民主、开放、自主、人本化等特质的文化。这种文化会成为学校师生文化基因，其本质是"以人为本"。

这种文化基于理性尊重人的主体性。教师尊重学生，学校尊重教师。这种尊重源自对生命个体的尊重，对阅历积累和潜能的认同，强调团队精神与合作，鼓励互助与开放的心态，通过透明的制度，完成人从自觉遵守条例到自发约束与规划，再到形成自动思维与行为模式的过程。

教师通过这种改变从"教学工具"中解脱出来，学生从"学习工具"中逃脱出来，师生作为人的权利与发展被前所未有地提到同等的高度。虽然实现的方式不一、进度不一，但教师和学生终于从"工具文化"走入了"人性文化"。

新文化的形成固化并提升师生的思维模式，巩固课改成果，使课改走向新常态。一旦学校形成了与课改本质匹配的"课改文化"，课改就成为一种常态。只有这样，课改才算见到了胜利的曙光，实现从行为走向观念的转变。

　　"人性文化"的建立，重新构建了课堂"人"与"工具"的关系。"工具"的范围被缩小又被放大：工具不再包含任何人，但又放大至一切可以被利用的教育资源。即便是错误，也是资源。"工具文化"中"非黑即白""非错即对"的观念被破除，教学和课堂不是追求"正确"，而是追求"学会"；允许学生犯错，接纳学生犯错，更为重要的是，教师要将"错误"当作教育教学资源予以利用，鼓励学生对"错误"进行讨论反思，挖掘原因。

　　知道为什么错才会走向正确！在"工具文化"的课堂，教师一旦发现错误，首先选择的是"抛弃"，转而寻找"正确"。在"人性文化"的课堂，没有错误，只有可以利用的资源，突破了紧张、压抑、精英学习等状况，实现了开放、积极、合作、民主的课堂安全氛围。

高效课堂是一场教师
的行动学习

高效课堂不是发明创造，而是基于"让学习发生在学习者身上"的教学设计，是教育本质的回归。从教学技术角度讲，高效课堂是一种突破现行课堂教学模式的创新。对于教师而言，进行高效课堂改革并不是进行新技术学习或者推翻了"传统"的叛逆，实际是对教师工作的一种"改进"，我将此称之为教师的行动学习。

在进行高效课堂改革时，教师经常提出这样的问题：学生不会小组学习怎么办？学生没有学习主动性怎么办？学生不想发言，所以我没有办法完成展示怎么办？

诸如此类的种种问题，反映了一种思维模式：忽略了教育实际是一种过程，一种培养学生从不会到会的过程，而学生需要"学会"的内容中，知识只占一小部分，教师需要教会学生的是学习的方法、学习的态度，比如小组学习、学习的主动性、发言的积极性等等。恰恰这些都是教师要通过教学行为对学生进行培养的。

也就是说，高效课堂的实施，正是对教师思维的一种历练，让教师从"学生具备各种能力配合我教学"的思维转变到"我的教学要用各种方式培养学生具备多种能力"的思维。

前一种思维方式是"知识论"方式，即教学就是教知识，最好有具备良好学习习惯和学习能力的学生配合我尽快把知识教完，并教出成绩。

而后一种思维方式则是真正的"教育教学"思维,即教学就是要培养学生的"学习能力"。

从实践层面和结果呈现层面讲,任何教育教学改革,如果不以教师的改变为核心都将失败。因为教师是一切政策的执行者,教师直接与学生发生关系,并作用于学生。

新课程改革,变在学生,改却在教师。

高效课堂实施,实则是一场教师的行动学习,以教师行为的转变带动观念转变,以观念转变固化结果精进。在这场学习中,最大的受惠者也是教师。

高效课堂以课堂教学为抓手,为教师提供切实可行的教学工具和教研方向,让普通教师具备研究课堂及教育的能力和信心,从而激发教师职业研讨的兴趣,帮助教师从"教材搬运工"变为"学习设计者",从"监工"变为"导师",从"神"还原为"人",从"教书匠"变为"教育者",找到教师专业发展路径,消除职业倦怠,获得职业幸福,重拾职业尊严。

学生,是教师工作的"对象"和"产品"。较之于学生厌学、昏昏欲睡的现行课堂,我们希望学生通过挖掘自身力量,寻求同伴力量,借助教师力量完成自己的学习,积累自我学习方法,提升自我学习能力,并形成良好的人格与品行。这一切都需要教师来完成,唯有提升教师的能力才能够改变现状。

高效课堂对学生的培养目标为:建立自信,提升能力,成为自己学习的主人、生活的主人、命运的主人。这虽然是众多教育者共同的心愿,但却很难实现。高效课堂实施就是要使教师具备大规模培养拥有这些特质的学生的能力,让普通的学生变得不普通。

高效课堂作为新课程改革强有力的抓手,强调归位教学关系,生发学习动力,产生真实学习需求,实现全面课程对接,解决"教育两张皮"

现象。以课堂为突破口的改革，使教师操作有章，学生学习有序，课改路径清晰，课改理念落地，帮助学校实现发展突破。

这不是单纯的技术变革，而是一项涉及课堂教学、管理评价、文化建设、教师成长、家庭教育等方面的系统工程。随着高效课堂的实施，学生感受生命乐趣，教师找到职业幸福，办学者由此拾回办学信仰，让"人"成为教育准则。学校将从关注分数走向关注师生的成长，从办成绩走向办教育，从关注行政业绩走向关注个体生命质量，从"知识本位"走向"人本位"。

高效课堂不仅是一场教学技术的改变，更是一场教育的大变革。它将引领我们以行动的改变实现对未来的憧憬。

扫描二维码
观看作者影像资料

视频 4：高效课堂下的教师技能
教师成长的三个阶段：想教——能教——会教。

附录：

教师行动学习的教育试验——挥中 1 班

一所学校的第一班级究竟什么样？成绩最好？最守纪律？还是人数最多？

这些都不是。

毫无疑问，一所学校的第一班级应该最具先进性，最具示范性，最具影响力。那么谁应当入选？

每一所学校进行的改革，几乎都是行政性质的，即便总会有学术的内容，但改革的内容、改革的成果、改革的影响，包括改革的方式无一不深深打着"行政"的烙印。即便这些改革的初心一定是好的，但能够被接受的寥寥无几，能够给教师带去直接、长远效益的更是凤毛麟角。

学校进行改革的直接获益者无非教师群体和学生群体，当教师殚精竭虑为学生考虑时，谁又为他们的长远发展考虑过？学校改革的成败受教师群体的影响又直接关乎其利益，为何还会有诸多阻碍？

这些问题几乎是我每天要面临的问题，走到任何一所学校，任何一个地方，我都会被问到这些问题。随着越来越多的人开始进行以高效课堂为抓手的新课程改革，问题变得前所未有的急迫。教师为了学生改革，那么谁又为了教师改革？谁为教师的发展与幸福负责？

直到 2015 年，我将在各个地方进行的散点式的试探性研究成果综合到一起时，一张蓝图以越来越清晰的方式呈现出来：各地的研究成果证明了这想法的可行性，但是，这个想法，比任何一个地方所做的研究都要立体，也比任何一个地方所做的改革都要复杂。也正因此，我相信毫无意外地，它会以一种超乎想象的方式取得成功。这个成功，是一种新的学校变革方式和教师发展方式的成功，随之而来的，应该是许许多多学校的成功和数不清的教师的成功。我和前期的先行者们甚至已经迫不及待地畅想这一天的到来。

整洁美观的校园，在一片晨光中，每一所学校的第一班级"开课"。有序的工作规划，简单的临时分工，"第一班级"的成员走进每一间教室。他们的"粉丝"在那里等着他们，这些"粉丝"崇拜"第一班级"的成员，因为他们睿智、从容、风度翩翩，他们衣着得体，举止文雅，身材健美；"粉丝们"迫不及待地要和他们交流，因为他们幽默、风趣、博学广闻、充满热情。

暮光中，"第一班级"的成员简短分享，愉快道别。路遇的每一位"粉丝"都从眼神中流露出欣赏……

"第一班级"成员的家人简直迷恋上这个有着高专业度、亲和力、善良、有魅力的家伙。他是孩子眼中无所不能的神或者女神，更是值得信赖的朋友。

工作和生活以一种从未有过的美好姿态在"第一班级"成员面前展开，他们充满自信，心态积极，阳光开放，合作友好，却又个性十足。

他们是每一所学校最具先进性、最具示范性、最具影响力的班级的成员，他们是"学校第一班级"！

是的，正如你暗自猜想的那样，每所学校最具先进性、最具示范性、最具有影响力的班级，就是由你和你的同事组成的第一班级，而那样美好的一天，只是你众多美好日子中的"信手拈来"。

一场以提升教师幸福度为目标的革命正在开展，将教师打造成这个社会的VIP。教师不仅是优化教育生态的付出者，更应该是直接的受益者。在学校发生的任何一场改革中，教师与学生作为生命体的个体价值都不应该被忽略。教师对幸福的感观直接作用于学生，甚至毫不夸张地说，教师的幸福指数决定了学校学生的幸福指数，决定了学校的命运和前途。所以，"和教师一块实现幸福"是"第一班级"的首要任务。

一线城市月收入过万的教师也说不幸福，小县城的教师也说不幸福，沿海的也说，内陆的也说。

诚然，一个人拥有的货币量可以带给其一些安全感和愉悦，但是研究结果表明，在收入相对稳定、风险相对少的教师行业，相比收入因素，与学生的关系、同事的关系、工作问题的解决程度对教师幸福影响更大。

作为成年人的教师感到无法"驾驭"未成年人的学生，无法让自己的教学工作舒心高效时，教师的幸福指数是非常低的，甚至会非常强烈地打击到教师作为成年人的信心。当然，这种几乎只有自己才察觉的沮丧打击，以及由此产生的不自信，会由一种相反的方式表现出来：急躁、忧虑、易怒或者无所谓。但这些最终依然还是会被觉察出来的：对工作失去兴趣和信心，日益增加的职业倦怠。

即便是重复的工作，如果能够带来足够的成就感，职业倦怠也会很快消逝。几乎所有的职业倦怠都源自工作问题不能妥善的解决，包括"怎样让工作变得有趣"这样的工作问题。

最终改革试点选在了河北清河挥公实验中学。作为团队自主办学的学校，挥公中学有着独特的先天优势，更要紧的是，挥公中学正处在内涵发展启动的时刻。从2011年开办至今，挥公中学取得了令人瞩目的办学成绩，但是，作为全国高效课堂的典范校、新生态教育的示范校，挥公中学在很多方面还需要进行内涵提升，而这个需求恰恰来自教师。

随着学生人数的增多，管理难度增加，高效课堂的"蜜月期"已经过去，新的常态已经出现意味着新的疲态很快到来。新教师的培养，老教师的发展，日益提升的课改要求，都是组建"挥中1班"势在必行的行动基础。

挥中1班构想：

一、"挥中1班"概念阐述

"挥中1班"是一个实体，也是一个概念。

实体性："挥中 1 班"是全校所有教职员工组成的永久性学习型组织。

概念性："挥中 1 班"是以教科研为抓手的管理型机构，是学校教育品质保障的研究型机构，还是教师专业成长的平台型机构。它是集管理、研究、学习、平台为一体的新生态学校组织，采用模拟班级方式，是一所学校教育教研的创新模式。

目的性：打造学校新型教研生态、教师发展生态。

组织性：去行政化的班级管理单位。实行班主任负责制。崇尚"制度文化"，班规高于一切。

二、"挥中 1 班"课题选择

"挥中 1 班"课题选择以学校发展、教师发展、学生发展为课题板块进行课题规划选择。

三、"挥中 1 班"组织元素

（一）班级成员：全体挥中教师

（二）班级文化

班训：至真信仰、至善情怀、至纯本性、至美人生

班风：拒绝浮夸、返璞归真、崇尚真理

工作学习化、教学科研化

学风：实事求是、解决问题、创新求变、活力向上、大道至简、

爱心永恒

班刊：《我们这一班》全媒体互动平台

班徽：

四、"挥中 1 班"课程设计目标

1. 提升教师"问题解决"的能力；

2. 拓宽教师学习的广度；

3. 建设学习型组织；

4. 用研究解决实际工作中的问题。

五、"挥中 1 班"评价考核

1. 采用学分制；

2. 采用自评、互评、成效评；

3. 评价结果与绩效挂钩。

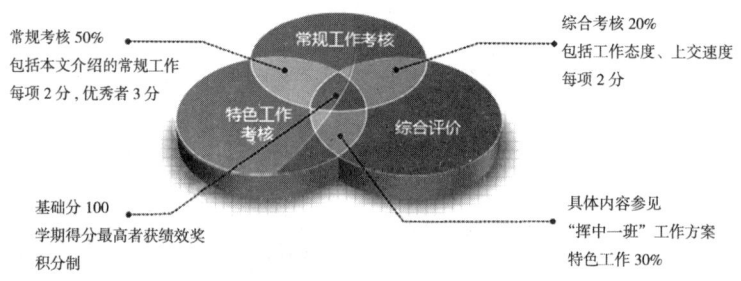

常规考核 50%
包括本文介绍的常规工作
每项 2 分，优秀者 3 分

综合考核 20%
包括工作态度、上交速度
每项 2 分

基础分 100
学期得分最高者获绩效奖
积分制

具体内容参见
"挥中一班"工作方案
特色工作 30%

常规工作考核

特色工作考核

综合评价

课改给教师带来的不仅是操作技能的变化，更是一种思维和生活方式的变化，虽然这种变化是细微的、缓慢的。

以高效课堂为抓手的教师行动学习完全不同于任何类型的课题研究。

行动学习组织"第一班级"的建立是终身的，所有教师以学校"第一班级"成员的身份进行行动学习，所有入校教师的第一身份都是"第一班级"的成员。"第一班级"传达的是教师终身学习、行动学习、搂抱发展的理念。

行动学习概念不同于教师培训概念，传统的教师培训并不关心教师实际工作问题的解决，通常是校长想培训什么，教师就接收什么。甚至更多的时候，连校长都是被动的，上面要求什么，学校就培训什么。培训在团队内部产生的作用和持久性都需要很复杂的条件才能实现。

行动学习相当于给学校建立了从输血到造血的机制，或者安了一个电力发动机。行动学习组织的建立和行动学习的习惯形成在初期会比较缓慢，毕竟是在建立一种新的工作方式。但经过指导并坚持下去，行动学习的福利会逐渐显示出来。

课题研究以小团队、成果导向为主，很多课题研究都不了了之。其原因在于课题研究的实用性和适用性对学校而言较弱。教师的理论学习和提升是建立在大量实践基础之上的，而没有成就感的实践会迅速摧毁教师的信心和兴趣。

"第一班级"的行动学习以学校整体为单位，以教师实际工作困难的解决为存在价值，通过自主、合作、探究的学习方式，提升教师解决问题的能力，从根本上提升教师工作的成就感和职业的幸福感。

"第一班级"将开创教师学习的新局面，而一支好学、充满正气的教师队伍就是学校最大的财富，也是师生关系最好的保障。"学高为师，身正为范"的师范信仰将从"第一班级"开始重新进到每一所校园，让教师重新成为这个社会最受尊重和爱戴的人。

高效课堂学生观

缺乏对学生精准的认知，教师就无法处理好与学生的关系，其工作会因此有各种"看似无法解决"的困扰。

"学生观"就是解决如何看待教师工作对象的问题，只有把工作对象琢磨清楚了，工作才能事半功倍。

虽然教师天天和学生打交道，但很少有机会充分认识学生、了解学生。大部分教师都会面临这样的疑惑："学生怎么是这样的？""学生观"的树立，有助于教师重新认识学生，建立更优质的师生关系，让每位教师清楚"学生到底是什么样的"以及接纳"原来学生就是这样的"。

学生是教育实施的对象，如果没有学生，教育也就不存在。

高效课堂"学生观"与传统"学生观"最大区别，在于前者强调下面的内容：

1. 学生是活的，他们具有一定的生活和学习经验

教师的工作要充分调动学生已有的生活和学习经验，而不是把学生当成"死的""空的"，并试图去"教会""填满"他们。现实中教师习惯急切地要将新的东西"教给学生"，而几乎完全无视学生已有的生活和学习经历以及由此已经具备的相关经验。殊不知有些东西根本不用教师教，学生本就有，教师只需要找到"导火索"，学生就会自发和他们的已有经验和累积产生"链接"。

　　教师要学会找寻学生"有"的东西，不要完全忽视他们过去的学习和生活并试图"填满他们"。学生不是由教师"讲"会，或者"教"会的，而是他们自己通过理解、感悟等行为"学"会的。

　　因此，教师的教学设计切记避免如"没有我，学生要怎么学"这样的假设，而要大胆鼓励学生在没有教师的情境下学习。这就需要教师充分了解学生已有的生活和学习经验，并进行教学设计。

　　2. 学生是发展的，他们现在欠缺的东西恰恰是他们要通过学习获得的

　　在课改中常听到有教师抱怨自己的学生不会学习，不会合作，不会自主管理。有的老师甚至会将此作为无法课改的理由："因为没有会学习、会合作、会自主管理的学生，所以无法实施高效课堂。"

　　这种"希望学生会一切而只需我把知识告诉他"的思维恰恰是错误的。老师们别忘记了，这些被抱怨的东西正是学生需要教师"教"给他们的东西，需要在学校学习的东西，而那些"教材上的知识"恰恰是最不需要教的。学生可以通过很多途径获得知识，比如自己看书，比如请教同学，比如上网搜索。

　　"如何学习，如何合作，如何管理自己"，恰恰是需要教师通过教学活动传递给学生的。

　　3. 学生是有想法有头脑的，应该鼓励他们形成自己的看法并说出来

　　即便是幼儿园阶段的孩子，他们对待事物也有自己的看法。只有充分了解学生的看法，我们才能将教育教学做得更客观，才能更多知道成人努力的方向。"倾听"是对学生极大尊重的表现，教师不能够要求或者强迫学生说，而应该创造良好氛围，通过活动，让学生愿意开口说，主动说。这与传统教学中"让他说他不说"有很大的区别。让说不说的背后是学生的不认同甚至反抗。教师应该创设平等、民主的氛围，给学生"开口的机会"。

4. 学生是有作为独立生命个体的各种权利的，教师应该捍卫学生的权利

教师很容易成为学生权利的"剥夺者"，甚至有时候在无意之间就成了这样的人。教师应该有意识地成为学生权利的"捍卫者"。一旦教师把学生当成和自己一样的"人"来看待，教师就会意识到学生有许多的权利没有得到充分的重视，这是师生关系紧张的根源之一。教师应该以成年人的角度来面对未成年的学生，而成年人面对未成年人行为准则的第一条即是：保护，保护他们的身心健康和权利、权益。在师生相处的过程中，尤其是在课堂教学环境中，教师要经常反省和讨论学生有什么权利，比如思考、分享思考、犯错等权利。

传统的课堂是一味追求"正确"的课堂，学生不允许在课堂上犯错，而这恰恰违背了教育教学的真谛：只有发现错的，才能找到对的。错误，恰恰是学生学习的资源，了解错误的根源就帮助学生找到了走向"正确"的路径。

认识到学生和老师一样是活生生有着各种可能性的人，对教师来说非常重要，也是保障学生权利的基础。

5. 学生需要丰富的学习经历和生活经历，而这些是成年人应该为其提供的

教师的工作不是将书本上已经有的知识再讲述给学生听，教师工作的价值在于用成年人成熟的视野和丰富的经历带领学生探索真实丰富的世界。

教师切不可将自己的工作及工作的价值定位于课堂知识教学，教师应该充分认识自己作为成年人的优势，并充分利用这种优势同学生一起探索未知的世界。

6. 学生是成长、变化的，不可片段化、碎片化看待学生成长

学生的成绩是阶段化、碎片化的，而成长是长久、全面的。教师通

过学业成绩对学生进行评价时，容易把某一个片段固定化，再把固定片段扩大化，继而把固定片段永久化、终身化，造成对学生"贴标签"。

每个人走第一步时都会摔倒，每一个人在学说话的时候都会结巴，每一个人都多多少少犯过一些自己没有办法讲出来的错误。成年人面对未成年人，要去做的不是固化他的某一时段的某一点，不可以把固化的东西扩大化，更不能把扩大化的东西永久化。教师要尽力避免在自己的工作中犯这样的错误。教师职业的艰辛程度和伟大程度就在于此。这也是教师工作区别于其他行业工作的最大之处。

7. 学生的成长是真实的过程，只有经历了"错"才知道"对"

教师不要一味追求学生做"正确"的事情，真实的人性与真实的生活总会出现各种瑕疵与错误。既然教师不能保证每一节课最优质，家长不能保证每一天工作最优质，又如何能要求学生对每一天、每学科、每一次测试、每一项活动都保持最佳的状态呢？

教师和家长存在的价值不是成为"让学生不犯错的人"，而应该成为"能够帮助学生走向'对'的人"。这些只能源于成年人对自己的接纳与热爱，对真实世界的理解与包容。

8. 学生需要从同伴处学习，需要适应群体的生活

我们的教育是鼓励"独善其身"的教育。"管好自己"似乎是我们对学生的全部期望。然而，就儿童学习方式来说，"模仿"是他们与生俱来的一种方式。儿童一直通过向周围模仿而进行学习。教师要充分认识到学生学习的模仿性。"同伴合作"是人与生俱来的特质，教师不但要避免人为割裂学生与同伴间的合作，而且应该更积极、开放地为学生创造"同伴合作"的机会，并鼓励学生大胆实践。

高效课堂教师观

教师工作一直存在不可预测性和可预测性的冲突。学生最终的发展是不可预测的，而学生成长经历受到影响的结果是可预测的。

医生在同一时间只需要面对一个人，只需要对这个人阶段性负责。而教师工作却非如此，教师要同时面对一群正在发展、变化的人，并对他们的未来施加影响。

教师工作的严峻性和价值都在于此，我们必须清晰看到。教师工作的艰巨性和困难性，在于教师必须要能看到学生长久的将来并清楚地认识到，今天自己做的一切会对学生的未来造成不可逆的影响。

"教师观"的树立，有助于教师更深刻地理解自己的工作，挖掘工作的内在价值。清晰的"价值观"有助于教师找到职业发展方向，获取职业幸福感。

高效课堂教师观主要包含以下核心内容：

1. 教师职业的意义；

2. 教师专业发展的内容；

3. 教师职业发展的路径。

教师职业的意义

关于"教师到底是做什么的"这个问题的答案有很多，简单一点的认为教师就是管孩子的，或者教书的，文艺一点的说教师是传承知识的，还有人说教师是人类灵魂的工程师。

同样的工作，就算不同的教师来看感受也完全不同。如果缺乏对工作内在价值的认同，教师就容易在现实工作中产生怨言，出现职业倦怠。

教师对于人类社会最大的贡献，在于教师为社会永续发展做人才储备工作。教师培养出来什么样的人，社会就有什么样的发展。一个人从3岁开始上幼儿园直到22岁大学毕业，这期间受到来自各级教师的影响，假设他能活到85岁，人生中四分之一的时间要受到教师的影响。而他的家长、他的伴侣、他的孩子，都会受到各自教师的影响。这个星球上没有任何一个职业可以比教师更能够去影响社会，影响社会的未来。

所以，教师是影响未来的。

教师毫无疑问是影响未来的，他们每天都在和未来的人打交道。因此，教师对于"未来人"的标准必须做到胸有成竹，要知道自己的所作所为尺度为何，根源何为。

"未来人"至少要满足以下两个基本条件：满足"人"的标准；适应"未来"的需求。

教师不应该被简单贴上"小学教语文"或者"高中教数学"的标签，教师实际在践行三个重要的问题并需要一直思考：教师必须要思考关于"人"的哲学问题；教师必须探究如何让这些人"适应未来"的技术问题；教师必须将哲学思考和技术探究相结合，在实践中培育出"未来人"。

教师工作从"人"和"未来"为两个基本点出发，至少可以保证教师工作底线，而不是把教师设定为"知识搬运工"。

教师群体必须要具备阐释教育标准，践行教育标准，完善教育标准，传播教育标准的能力。教师必须成长为教育标准社会实践的领军者、传播者和践行者，绝对不能成为被捆绑的"瞎驴子"！教师必须是最有思考力、学术力、行动力的"三合一"专业人士。

现实情况令人遗憾！要改变这种状况，只有经过教师群体的共同努力，重建教师职业价值观。教师随时和鲜活的、具有无限潜能的生命打交道，也就是在和具有无限可能的未来打交道，而这个未来就掌握在教师手中。教师首先要敬畏自己的生命，提升生命的质量，体现生命的价值。这一切都将通过教师的言行传递给学生。只有学生从教师的工作中体会到对生命的敬畏，学生才会"认真对待自己"。这恰恰是通常被教师忽略掉的教学内容。

教师专业发展的内容

教师专业素养往往被误读为"学科素养"。这种误解在针对教师专业素养的培训中表现最为明显。大多针对教师的专业素养培训都以"学科培训"为主要内容，仿佛教师弄透教材就能够教好学生。实际情况却截然相反，有教了一辈子书的老教师感慨学生似乎更喜欢年轻的老师，自己有对教材很深透的理解，学生却似乎不买账。

教师对教材的理解并不能涵盖教师专业素养的内容。就教师职业特殊性而言，如何让学生喜欢自己，如何设计学生喜欢的学习，如何引领学生向更高方向前进等内容比弄透一本教材更重要。

未成年人与成年人的思维体系、对话系统、交流习惯有天壤之别，其沟通难度不会亚于来自中国闽南地区的老妇和来自太平洋岛国巴布亚新几内亚的原住民之间的沟通。

教师担负着成年社会与未成年人社会沟通的重要责任，这本是一门科学，然而遗憾的是，在"高升学率"的要求下，教育越来越忽略教师工作的本质，更忽略了教师专业素养应该包含的主要内容。很多时候教师专业素养被粗暴地以"教材挖掘""押题准确"等内容给代替了。这样的专业素养，并不能带给教师丝毫的职业幸福感，只有"被工具"感。

教师专业素养至少应该包含以下四个方面的内容：教师必须是"学生"（儿童）专家；教师必须是"学习"专家；教师必须是"学科"专家；教师必须是"课程"专家。

1. 教师必须是"学生"（儿童）专家

就教师职业区别于其他职业而言，教师专业度的体现从表象看是教师对教学材料和教学过程的掌握，本质却是对儿童的认知程度。教师对学生（儿童）的认知程度决定了教师工作的成效。换句话说，教师对作为学习者的"人"的认知是衡量教师专业素养的首要标识。

就学校教育环境而言，任何一所学校只存在两种人：成年人和未成年人。一切教育教学、管理、文化呈现等工作本质都是基于成年人和未成年人关系产生。教育工作者如果不能正确认识儿童就无法处理好工作和儿童的关系，直接影响其教育教学效果。

现实中的教育往往有两个极端，要么是成年人和未成年人的对立，要么是前者向后者的完全妥协。

有的教师盲目享受和孩子们打交道的单纯，摒弃和回避成人社会的矛盾与冲突，这样的做法无法传递给学生真实的信息。另一类教师脱离儿童，完全用成人思维和孩子打交道，这样的做法违背儿童身心发展的规律，对儿童造成伤害。

仔细观察，目前我国很多学校都是用成人思维建造的学校，从硬件到软件配置都不能满足儿童身心发展的需要。

真正优质的教育者要在未成人社会和成人社会之间出入自由、来去自由，利用成人的成熟向儿童展现真实世界的同时，又不伤害儿童作为儿童的天性。

教师的工作对象是"成长中的人"。"成长中的人"的变化性、可塑性、独特性要求教师工作必须首先基于对"人"的认知展开。

因此，教师专业素养的开展，首先必须是教师对于"人"的认知，全面涵盖生物学、心理学、哲学、社会学等方面的内容，充分开拓教师对儿童进行科学的研究，包括儿童的天性、心理情绪变化、家庭教育影响等多个方面的内容。

2. 教师必须是"学习"专家

作为教学者的教师在了解"人"的基础之上，要充分了解人的认知过程，也就是"人如何学习"。这是涵盖脑科学、认知心理学、脑神经科学等门类的科学知识。只有透彻了解"人如何学习"，教师才会形成科学的教学思维和行为，在工作中才能取得事半功倍的效果。

事实上，教师对这一领域的涉猎非常少，教师的教学经验几乎全部来自自身学习体验。教师从自己的学习体验中了解到"他人作为教师是如何教我的"，然后将自己作为学习者的体验迁移成自己的教学行为。

"学习迁移"本无可厚非，但因为教师缺乏优质、丰富的学习体验，其关于教学的认知往往单一化、绝对化。这样的教学作用于学生会导致学生因为不喜欢教师的教学方式而厌学。

因为缺乏对"学习"的认知和研究，许多老师误将"老师讲，学生听"这种从幼儿园到大学都经受过的形式认定为唯一教学方式，甚至包括教师培训也采用这种方式。缺乏对"学习"本质的研究，导致教师的教学远离规律又乏善可陈，无法适应学生需求。

教师对学习者的"学习"要有充分、全面的认知，只有做到这点，才能设计出更好的课程和教学。

不停的机械训练、大量填鸭式的讲授和习题训练，是典型的行为主义学习方式。随着社会对人的要求有所变化，更为重要的是随着科学的进步和工业的发展，人类对"人如何学习"的认识更进了一步，从行为主义发展到认知主义。

认知主义的学习将知识进行分类并配以相关动词进行标识。认知主义认为，人只要按照知识的要求记住知识，学习就完成了。然而，学习不仅仅是对信息进行存储的过程，人的学习还需要产生新的行为和思维方式，还需要进行"产出"。

科学家和心理学家通过对人类学习行为的研究发现，认知主义并不能完全涵盖和指导真正的学习，学习其实是靠学习者自身完成的。他们发现，外界只能对学习者进行引导和帮助，最终完成学习过程的是学习者自身，而学习效果怎样则和学习者自身的积累有关。这种建构主义理论是继认知主义之后被广泛采纳的理论。

建构主义强调重视学习者自身原有的基础，强调教学者要引发学习者内在的重要因素，并让学习者通过自身去完成学习。这就是建构主义的教学过程。这与认知主义强调学习者对知识的灌输式吸收有极大区别。

影响学习者学习成效的因素有很多，除遗传因素外，后天的各种因素有不可小觑的力量。教师对这些后天因素的了解能够助力教师更深入地帮助学习者的学习。只有成为"学习"的专家，教师才能设计出更能够帮助学习者学习的"教学"。

3. 教师必须是"学科"专家

学科是学生学习的载体。通过学科到底要培养学生的何种能力？学科内涵到底是什么？这是现行教育中容易被回避的问题。大部分的教学都停留在"教学科教材"的层面。更多时候，这种忽略被冠上堂皇的借口："无论什么学科内涵最终都要落实到考试上。"教学就成了"教考试"。

这种目的性极强的活动，因其精准、严苛的要求而抹杀了教学本来的面貌。因为缺乏对学科和学习本身价值的挖掘，教师和学生都觉得索然无味。

每一门学科课程的开设都有其现实价值，而教师就是把这些价值揭示给学生的人。教师要教给学生的不是每个学科的知识点，而是这些学科在实际生活中的价值。这种价值的认知，源自教师自身对这门学科的热爱和把握。

"教师是学科专家"并不意味着教师对这门学科的知识点全盘掌握，也不意味着教师掌握着这门学科最前沿的发现。教师是"学科专家"，强调教师基于学科对学生进行现实生活价值的揭示，并且教师应该比任何人都知道如何让学生对该学科产生兴趣。

学科教师不应该简单地作为学科知识的传递者存在，他们更像引领者，通过自身的魅力将学生引领到学科中一探究竟。当然，如果有必要的话，他们会适时地给学生提供一些帮助；然而最终，他们应该让学生觉得是自己走完了全程。这就像去探索一条隐秘的通道，尽管教师了然于胸，但也应该让学生感到是依靠自己的努力走完了全程，最终的成就是教师和学生共同努力的结果。就像一队经过艰难险阻的探险队，爬出地道的那一瞬间，人们总是相互拥抱庆祝，每个人为自己欢呼的同时也认可别人的伟大。这样的学科教学或许才变得有意义起来。

简而言之，教师必须是学科专家，基于教师对学习者的了解和认知，以及教师对学生学习的认知，教师对本学科在现实生活中的意义进行挖掘，通过与学生的教学活动，将这种价值和意义传递给学生。

需要注意的是，这里说的学科并不单指某一学科。当然，现行体制采用的是分科教学，在教学实践中要鼓励教师大胆进行学科整合，这种整合不仅是单一学科的内部整合，更包含跨学科整合；在一些课改实践校甚至鼓励教师进行全学科教学。这些实践都在证明一个道理：教师不是知识点的传授者而应该成为学习价值的挖掘者，学科只是使用的工具和课程载体。

4. 教师必须是"课程"专家

广义而言，课程泛指和学生有关的教育教学活动；狭义而言，课程可以具体到一门学科。

经常有老师发出这样的困惑："我的个性如何在教育教学中得以体现？""教师必须是课程专家"恰恰强调教师在教学中的个性与教育教学的艺术性。

教师是学生学习活动的设计者，好的课程更需要设计。小到一节课、一门学科的整体呈现，大到学校整体课程的设置，都需要设计。设计的原则各不相同，但是有几个核心原则是不能改变的，比如让学生健康、全面地发展，再比如全面锻炼学生的各项能力。

教师对学生、学习以及学科的认知情况，全面映射在教师对课程的设计上。这就是课程的意义。

现行教育虽一味强调课程的重要性，但教师们觉得自己离课程还差得远，先把课上好再说。课程分为国家标准课程，国家标准课程的校本实施，以及校本或者地方特色课程。其实课堂是教师对于课程理解的一个呈现，两者根本无法完全分开。每一节课都是教师对于学科课程的片段呈现，这些片段是否都体现了课程的整体思想和内涵？这些片段的累加是否能够实现课程整体目标？从课堂上还是不难看出端倪的。所以课程离教师并不远，甚至不夸张地说，教师必须具备课程意识才可能把课上好，把教育工作做好。

"教师是课程专家"其实就是要求教师要学会设计：设计一个活动，设计一堂课，设计一个学期的教学，设计一门学科三年的学习，甚至设计学校的整体课程。

这个设计要围绕学生的成长展开，每一项活动都要有教育意义并发挥教育功能。当然这些意义并非通过一味的讲述告诉给学生，而是要通过教师的设计，让学生在活动中逐渐了解活动的内涵并达成新的目标。

这个过程就是教师个性得以体现的过程，也是教师智慧集中体现的过程。

"课程"之于教师就像"食疗"之于厨师，一个好的厨师并不仅仅是技艺精湛，更重要的是深谙养生之道，能够在百菜百味之间找到平衡，通过简单饮食调理治疗药之所不能及。而一名好的教师需要深谙教育之道，能在万种方法中找到最适合学生的方法，以课程的形式呈现出来，于无声处听声，于无形处着力。

扫描二维码
观看作者影像资料

视频 5：教师应具备的四大专业素养
教师应具备的四大专业素养：懂学生、懂学习、懂学科、懂课程。

教师专业素养的四个方面，是教师专业发展的基石。"教师不仅仅是学科知识的传授者，更是学生学习的设计者、成长的领路人。"这些耳熟能详的话若具体落实到教师行为，其实就是教师专业素养的四个方面。

教师个人也需要从以上四个方面进行自我培养，才能摆脱"教书匠"的命运，真正成为一名"教育者"，一名有思想、有行动、有自己教育哲学和个人特色的教育者。

教师职业发展路径和前景

教师职业发展的前途在哪里？如果做一个调查，恐怕很多人都会说当主任、做校长、成为局长。可是有多少人能完成这样的成长路径？行政层面的晋升并不能够成为所有教师职业发展的前途。呈金字塔形的职业发展只能造成教师职业发展的无望，甚至绝望。从长远看，教师工作的长效性与这种发展的特殊性是极其不符的，会带来很多不利的后果，很多教师因为看不见其职业发展前景而倍感迷茫与无助。

"教而优则仕"是最为常见的教师职业发展途径。然而这个途径是一个什么比例呢？一般而言，一所 200 名教师的学校可以培养出 10 名中层干部，10 名中层里面还不一定能培养出一位校长，更遑论教育局局长。

这种模式本身也存在诸多问题，教学能力强的教师并不一定具备超强的教育行政管理能力。

最显著的问题是在"教而优则仕"的发展理念下，很多原本非常优秀的老师被选拔为管理者，失去了教育教学的土壤之后，在从政的路上却也愈发艰难，这些原本可以做出更大贡献的教师教育智慧迅速枯竭，最后在行政岗位上碌碌无为直至退休。

由此可见，行政化发展并不是教师职业的最优发展路径，更不是唯一途径。教师的职业发展，应该由行政化和学术化两方面构成。小部分学术优良又具有管理天赋的教师走入行政发展，而大部分的教师则应该在学术发展上大放异彩。

教师的学术发展绝不是常规意义的学科发展。每一位有丰富一线经历的优秀教师都在某一方面有过人之处，比如课程实施、学生认知、家长沟通或是新教师培养等方面，如果得到有指导力和实效的理论提升，他们就会成为学校或者区域的"优质资源库"。用好这些教师，给这些教师以平台，他们将会发挥非常大的引领作用。而这些教师也因此有了不同于"千军万马过独木桥"的学术晋升之路。

只要愿意并付诸相应的行动，任何一位教师都可以成为未成年人行为或心理专家、未成年人学习专家、未成年人学科学习的专家、家庭教育顾问、未成年人成长顾问、课程专家等等。摆脱"教而优则仕"的枷锁，每位教师都能够获得非常光明的职业发展前景。

高效课堂教育观

高效课堂学生观，解决如何看待他人的问题；高效课堂教师观，解决教师如何获得发展的问题；高效课堂教育观，要解决教师工作基础的问题。

设想一下：老师一旦离开学校下海经商就成为商人；学生毕业从教就成为老师。这样看来，学生和老师不过是在特定学校环境中阶段性的角色称谓，也可以说是各自阶段性的社会角色。

一位教师，在学校被称呼为"李老师"，而朋友的孩子却叫"李叔叔"，爱人叫自己"小李子"，父母叫自己"孩子"。由此不难看出，任何称谓都是在特定环境发生。然而当我们面对教育关系时有一种关系是恒定不变的：成年人和儿童（联合国教科文组织在《儿童公约》中对儿童的年龄划分界限为 18 周岁）的关系，也就是成年人和未成年人的关系。

教师和学生之间，首先就是这种成年人和未成年人的关系，其次才是在特定环境阶段性存在的教师和学生的关系。

儿童和成人是一样又完全不同的人。儿童作为独立群体存在于社会中的最大特点，在于他们是未成年人。虽然他们是独立生命个体，但又无法离开成人。正是这样一种特殊的状况使成年人在面对未成年人时，容易出现"近之则不逊，远之则怨"的两难境地。

有不少教育家和心灵导师要求教师要"爱"学生。然而作为一个成天与混乱的儿童打交道的成年人，一直保持着浓厚的"爱"几乎是不可能的，也是根本不可能的。

"爱你的学生"这句提高到师德高度的口号，让很多教师陷入了严重的自我怀疑："如果不爱，是不是意味着自己道德沦丧？"

不排除有天性热爱儿童的人成为教师，恰恰是热爱儿童和儿童事业的人能够做好这份工作，然而不得不承认总有一部分教师就是做一份和儿童打交道的工作而已，而且这样的人占了大部分。

无论以理性态度还是感性态度来说，教师都无法爱所有学生，也无法一直爱学生，然而无论理性思考还是感性思考得出的结论是：教师必须"爱"学生。这种爱，也许不是发自内心的"爱"，甚至可以是"装"出来的爱；这种爱，是来自于成年人对未成年人的大爱，具体表现为六个字：保护、丰富、发展。

视频 6：课改五指操
一个观念——两组关系——三个工具——四个专业素养——一个流程。

扫描二维码
观看作者影像资料

教师作为成年人必须学会敬畏儿童的生命。敬畏儿童生命就是尊重儿童作为独立生命的权利。这种对儿童生命的敬畏体现在行为上即：保护儿童、丰富儿童、发展儿童。这不仅是成人社会对儿童社会的道德底线，更是成人社会对儿童社会的行为准则，毫无疑问也是衡量一切成年人社会对儿童社会行为的标准。

保护是底线

1. 保护未成年人的人身安全不受侵害

如果没有美国老师看到孩子身上刮痧的印记惊慌失措到立刻报警控诉家长虐待儿童，就不会有《刮痧》这部电影。你也许会对美国立法中对于"不照看需要照看的孩子是违法的"认定表示不理解，可是当面对镜头下因成年人外出购物将幼童反锁家中而造成幼童坠楼、烧伤、致残致死的案例时，人们总会指责说家里的大人如此疏于保护让孩子受到伤害。成年人对于未成年人的保护是社会文明程度的标志。

2. 保护未成年人的心灵不受伤害

中国学校未成年人心理抗挫折能力堪称世界最"强"。他们从幼年就要忍受来自老师、家长、同学、亲戚朋友的各种比较、品头论足、嘲讽甚至挖苦，却还要笑脸相迎，相忘于江湖。一旦因此不高兴或者掉眼泪，就被批评指责为小气、敏感。很难想象，我们对孩子伤害最大的地方恰恰是他们应该受到保护和寻求成长的两个地方：课堂和家庭。

我们一方面用最犀利的言语磨钝孩子的心灵，一方面又希望他们能够心里有爱，这样的诉求是不是相当奇怪？

不出意外，中国儿童在成年之后的心理抗挫折能力堪称世界最弱。小时候还乖巧顺从的孩子，长大了怎么就反叛得要逆天，甚至那些"心理承受能力"很强的孩子，怎么到了成年就因为一棵看似不起眼的稻草自绝于世？

在经历了长期来自言语、行为的伤害之后，孩子们逐渐成长的心灵不是充满爱，而是充满怨；不是充满信任，而是充满多疑；不是充满自信，而是充满自疑。在经历了整个幼年、童年、青少年时期的打压后，他们的心灵不是越来越坚强，而是濒临崩溃。到了残酷真实的成年社会以后，经年的积累使他们不堪重负，失去了对生活的热爱，失去了创新的能力，只能"熬日子"。

外国孩子成长经历却正相反。有些话家长和老师以及社会其他人等绝对不能在孩子面前说，有些事绝不能在孩子面前做，尤其是伤害孩子自信心的话。如果孩子犯错，成人努力让孩子意识到错误对别人造成的伤害，而不是一通不管不顾当着人的劈头盖脸。在鼓励、肯定和爱中成长的孩子，长大后对待挫折的态度反倒坚强理智许多。他们的心灵逐渐脱离保护，逐渐成熟，走向独立和坚强。而与此轨迹相反的孩子，他们越来越渴望得到保护，越来越脆弱、多疑，在生活中，伤害他人也伤害自己。

教师作为专业的教育者必须要具备辨别伤害、拒绝伤害、治愈伤害的能力。

3．保护未成年人作为独立生命个体存在的权利

你的学生有这些权利吗？

①在不愿说话的时候可以保持沉默。

②犯错后依然可以在教室里面听课。

③有充足的发言机会。

④有充足的和同学交流的机会。

⑤可以大胆讲出自己的意见而不会受到批评。

⑥有选择学习方式的权利。

这样的情景并不陌生：孩子举着手想发言，老师站在讲台指点江山："你来，你来，坐好！"孩子可怜巴巴地按照老师的一切要求去做，只为了能够让他有一次发言的机会。老师面前的孩子像一群驯养的小狗，摇着尾巴只为讨驯兽员的欢心，能够得到和一块骨头一样宝贵的发言机会。

又或者是这样的情景：教师提出问题以后故意请那头埋得极低，不小心泄露心机的学生。"你不会，我偏要叫你！"叫你起来做什么呢？请

你起来出丑。学生深埋的头已经暴露了学生的羞耻心。教师心知肚明却不肯接受，他们选择让学生在众人面前丢丑，并期待"知耻而后勇"的结果发生在学生身上。遗憾的是，这种成年人自以为是的做法不仅没有正面意义反倒造成两败俱伤。

学生本来可以不出丑，却被老师拎出来"献丑"。学生自尊受到伤害，为了掩饰自己的受伤，就变本加厉与教师对立；教师认为师道尊严受到挑战，于是进一步对学生进行责罚和羞辱。

恶行结不出善果，只会引发更深的恶。这样的课堂，表达的权利不在学生而在教师喜怒之中："让你说，不说也说；不让你说，说也不让！"作为独立生命个体，学生有维护自己尊严的权利，可是仅仅一句"老师让你这样做，你必须这样做"就把学生维护自己尊严的权利给剥夺了。

学生认为被点名、被罚站是一种羞辱，不愿让自己面对这种羞辱，可是我们的老师却认为只有这样才能"长记性"。这就好比人人都知道大庭广众下被脱得赤身裸体非常丢脸，可因为这是我要你这么做的，不管你愿不愿意必须这样做。这样多可怕！

期望孩子有独立思考的能力，就要允许他们表达自己的意见，按照自己的意愿去做事情，只要做的事情不影响、伤害到他人，都在可以接受的范围之内，成年人要做的就是从旁协助，在孩子需要时，给一些成熟的建议。一个从小到大，不管是上厕所、吃饭、睡觉、交朋友或者学习，还是后面的找工作、找伴侣，几乎没有一样能按照自己的意志决定的孩子，哪里还有机会和能力去控制人生？

教师是教育专业人士，不仅要具备"学生是独立生命个体"的观念，明确成年人对未成年人的行为底线是保护未成年人的身心灵不受到来自成人社会的伤害，并且确保他们作为独立生命个体存在的各项权利，更应该从专业的角度将这种观念传播给家长和社会。这是教师专业的底线，也是教师专业发展的出路。

丰富为途径

缺乏对未成年人保护的社会是不道德的，只提供"保护"而让未成年人经历"匮乏"的社会是无情的。

学生要发展，就要从丰富的信息中获取信息，从丰富的资源中学会选择，从丰富的经历中学会成长。"保护"，是成年人面对未成年人时的道德底线和行为底线；"丰富"则是成年人给未成年人成长的给养和礼物，是帮助未成年人成长的途径。

丰富的信息并不是指社会八卦，而是指教师能够提供给学习者有助于成长的信息。《国家新课程标准改革纲要》指出："我们要利用学习过程，帮助学生做好进入现实社会的一切准备。"现实社会要求其成员要有收集信息、分析信息、处理信息的能力，如果提供给未成年人的信息渠道单一，内容单一，势必会造成他们无法进行选择分辨，从而在学习过程中得不到培养和锻炼。教师并不要担心提供丰富的信息会造成学生学习的混乱，相反越丰富的信息越有利于学生能力的形成。

成年人要给未成年人提供丰富的可利用资源。"巧妇难为无米之炊"，优秀资源的提供将调动未成年人的学习积极性。对资源的利用和选择也是未成年人重要的功课之一。

学校的电教室、计算机室、图书馆、实验室、音乐器材室、体育器材室，往往都因为硬件设备贵重而大门紧锁，只有在家长开放日或其他重要活动时才开放。我们希望学生德智体美劳全面发展，却没有提供给他们发展的场地和机会。那些昂贵的器材，久久才能见上一次，自然也就感情疏远。

去过美国的人都惊讶于校园中几乎敞开用的各类资源：图书馆、计算机室、体育馆、教室，还有办公室里无限提供的纸笔。有人批评美国人太浪费，了解后才知道，这是他们为教育做出的姿态。

他们认为，提供给学生丰富的资源是学校的责任，不能让学生在想学习的时候找不到工具。其理念逻辑是：提供丰富的资源是校方责任和义务，至于用不用、怎么用就是学生的事情了。这种做法相当"美国精神"——各自承担各自的责任。学校承担提供丰富资源的责任，你学生承担利用这些资源学习的责任。这样一来，学生反倒很难为不学习找借口了。

当然，提供丰富硬件资源还停留在对资源理解的表面，深层次的资源应该是有利于未成年人成长的各类"软资源"，比如各类公共设施的提供、各种锻炼成长的机会、各种实习创新的机会、包括有丰富学识和良好教养的成年人。

发展是目的

如果说不给未成年人提供"保护"的社会是不道德的，不"丰富"未成年的社会是无情的，那么不让未成年人"发展"的社会就是令人绝望的。

儿童是社会的继承者，一个社会因为自己的狭隘而阻碍儿童的发展，这个社会将没有任何希望。

发展未成年人应该从三个方面进行：学识、能力和价值观。

从理论上讲，学校及学校的教师承担发展未成年人学识、能力和价值观的工作，可从现实情况看却并不尽然。

所谓发展未成年人的学识应该遵循由粗到精，由宽泛到细化，由识记到运用的过程。可惜我们还停留在对知识的灌输上，很难说经过 12 年学习的学生学识到底发展了多少，只能说他们到底记住了多少，遗忘了多少。脱离"丰富实践经历"的学识发展时效有余而实效不足，这种发展多少与教育的功利性脱不了干系。

成年人对未成年人最大的善意就是不阻碍他的发展，提供发展的一切可能。做教师的要把一切发展的可能和机会提供给学生。做每一件事情，进行每一个活动设计的时候都应该自问：我这么做是在发展学生吗？是在向应该的方向发展我的学生吗？我是为了我，还是为了他？我这样做客观吗？让未成年人发展是一件很难的事情，成年人不经意作为会出现严重的差错，可怕的是这种错误很难被意识到。

发展儿童的最困难之处，是做决定的成人绝对不能按照自己的意愿而必须客观理智地选择最适合儿童的。

教师必须要时刻保持客观和理智，这点非常重要。做任何决策和设计的时候都必须考虑到对象是未成年人，做这一切是按自己的心意还是符合未成年人的成长规律？

言情电视剧里面总会有这样让人难以抉择的一幕：医术精湛的医生正在面对一位只有他才能拯救的病人，而这个病人又恰好与他有杀父之仇夺妻之恨。医生站在手术台前，拿着手术刀，面对被麻醉的仇人，做强烈的思想斗争：结束仇人的性命，没有人会责怪自己；拯救仇人的性命，是自己今生最不愿意做的事情。画面的最后是康复的病人在花园里散步。医生做出的选择是他最不愿意做的，但是他最应该做的。这就是医生的职业道德。在生命面前，没有个人的喜怒哀乐、新仇旧恨，只有做医生应该做的事情：挽救垂危的生命。

教师这个职业的特殊性和职业道德，与医生比较起来真没有什么两样。在未成年人面前，没有你想怎么样，只有该不该这样，这样对他们好不好。

教师这个职业的难度但也是神圣之处，就在于里面没有"我"，没有"我要怎么做"，只有"应该"和"是否适合未成年人"。除此以外，真没有什么可以商量回旋的余地。

观念决定了人们对行为的选择。

高效课堂与模式的关系

高效课堂必须解答关于"模式"的问题。近些年对于高效课堂"模式"之辩非常多，争辩主要集中在以下方面：

1. 不同学科不同年段是否应该用同一种模式教学？

2. 高效课堂模式到底是什么模式？

3. 采用同一种模式教学会抹杀教师的教学艺术。

社会对商业模式推崇至极不断创新，为什么提教育模式就吹胡子瞪眼？教育如果搞成一个模子那还了得？不能整齐划一！不能一刀切！教育是人的艺术！

这些话听起来理直气壮，可想起来却让人百思不得其解：如果模式意味着"一刀切"，人们只需要找到一种好的模式，比如阿里巴巴的运营模式，然后纷纷效仿，最后就都能取得如马云一样的商业成功了，这样社会经济发展岂不一日千里？

可见，模式的本质根本就被误解。

学界对模式的感情复杂又深沉，那是一种既爱又恨，不愿抛弃却又难以启齿的情感。几乎所有的学校都排斥模式，但又一边倒地要求："请给我们定一种模式！"

有不少学校在课改之初就急于创造自己的"模式"，为自己的"模式"起好了名字，比如"卓越大循环课堂""七步八环节新课堂""472课堂"等等。有的模式在逻辑顺序上就有问题，按照这种模式根本无法解决学生学习和教师教学的问题；有的模式步骤烦琐，最长的一节课有12个步骤，教师和学生要记住这12个步骤的名字就不容易，在一节45分钟的课上要完成逻辑并不清晰的12个步骤就更难上加难。

以上的做法，都是典型的"为模式而模式"的做法。这样的做法是在没有弄清模式本质的情况下贸然创造所谓的"模式"，将模式简单理解成了"名称""名号"，认为只要取一个好听的名字，就意味着学校进入了改革的模式。

另一种截然相反的做法是一些学校非常反对模式。这种影响主要来自一些学者对模式的误解，他们鼓励"百花齐放，自创模式"，听起来有道理却毫无操作性，许多地方课改多年依然不成型就源自这样的误解。

暂不讨论学者们对于模式的误解出于什么原因，但贸然对模式进行批判至少是缺乏科学性的。

由于历史的原因或者又由于语言习惯的原因，中文"模式"给人的印象就是"一刀切""一体化"，然而这仅仅是印象误区，并非"模式"的本质。将"模式"用于教育，并不违背教育对人文和自由的追逐。

模式（pattern | model）本质上是解决某一类问题的方法论，即把解决某类问题的方法总结归纳到理论高度。模式使人们可以更加简单方便地复用成功的设计和体系结构。将已经证实的技术表述成模式也会使新参与者更加理解其思路。

"高效课堂模式"其本质是将解决教学问题的方法总结归纳到理论高度，形成一种可以被广泛利用和借鉴的"方法论"，以此打造师生相长的课堂。

"高效课堂模式"并不是高效课堂的模式，"高效课堂"只是"高效课堂模式"的助记名，对"高效课堂模式"的完整表述应该为："学生主体、学情主导、教师助推"的高效课堂模式。"学生主体、学情主导、教师助推"是模式的理论核心，也是方法论。"五步三查"教学流程是这个模式下配套提供的教学问题解决方案。

所谓解决方案，即怎样用一个具有一般意义的元素组合来解决想解决的问题。

"五步三查"教学流程就是解决高效课堂落地的方案。这个方案将课堂中的学生学习活动和教师教学活动等元素进行重新整合，解决类似"教师教学为学生服务，让学生成为学习主体"等诸多实际问题。

"高效课堂"是解决问题的方向，"五步三查"就是具体的解决方案。课改观念的改变需要靠行动带领，而使用具体解决方案进行行动的改变无疑是最有效的方式。

如同人们练习书法或者一项技艺一样，需要进行类似临帖——入帖——破帖的练习。要想写出风格首先要进行临帖的训练，缺乏标准进行自创很容易"走火入魔，自废武功"。

因此，流程和模式并不存在矛盾和冲突的关系，模式是解决问题的套路，而流程是依据模式提供的详细解决方案。

"高效课堂"为学校教育提供问题的解决方式：从课堂抓起，做到"学生主体、学情主导、教师助推"。"五步三查"教学流程则是将以上内容落地的详细方案。"高效课堂模式"不仅没有"将教学搞复杂"，反而"让教学变简单"了，让每个老师都能迅速掌握，迅速成型。

教师的教学艺术并没有因此而受到影响。技术精进到一定程度才可以称为艺术，比如弹钢琴，学两个月的叫杂音，学两年的叫音乐，刻苦二十年以上的就能称为艺术。课堂连"保证所有学生都参与学习"的问题都无法解决，又何来教学艺术之说？

　　这和做菜的方法论是一样的："选材——处理——烹饪——装盘"，但材料元素的组合以及火候的掌握人各不同，所以该是"米其林"还是"米其林"，该是"新东方"还是"新东方"，"艺术"没有被破坏，反倒被"保护"和"放大"了。

第四章

自主、合作、探究

自主、合作、探究的关系

对自主、合作、探究理解的误区在导学案上体现最为明显。或者说，根本就是某些形式的导学案误导了对自主、合作、探究的理解和探索。

"学生先自主学习，再合作学习，最后进行探究学习"是很多导学案设计上体现出来的倾向，这种误区源自线性思维的逻辑缺陷。

自主、合作、探究，是新课程改革所要求的学生学习的特质，并不是一组学习或活动的顺序。学生的整个学习过程应该具备三个特质：①是自主的而不是被动的；②是与他人合作的而不是人为孤立的；③是探究性的而非浅尝辄止的。

自主

自主，并不等同于独立学习，或者孤立学习，自主是一种发自内心的意愿；合作可以是自主的，也可以是被动的；探究可以是自主的，也可能是被动的。课标中对"自主"的要求本质是要求教师通过科学的教学设计，激发学生的学习兴趣，培养学生主动学习的能力。

自主学习指建立在学习者自我觉察基础上的学习，学习者通过前期对自我已有情况的分析，设定学习目标以及规划和实施学习行为，实现从"起点"到"目的地"的进程，最后由学习者依据目标的达成状态对自己的学习进行调整。

自主学习的循环系统是这样的：

```
┌─────────────────────────────────┐
│            自评                  │
│   我现在的技能、学习态度、知识水平   │
└─────────────────────────────────┘
                ⇓
┌─────────────────────────────────┐
│           设定目标               │
│   学习者设定自我目标，我要做什么    │
└─────────────────────────────────┘
                ⇓
┌─────────────────────────────────┐
│           计划行动               │
│          如何实现目标            │
└─────────────────────────────────┘
                ⇓
┌─────────────────────────────────┐
│           评估反馈               │
│   是否达到目标，如何进一步调整     │
└─────────────────────────────────┘
```

自主学习并非强调学生独立学习、孤立学习，自主学习的要义在于强调学生在学习过程中所需要用到的分析、判断、选择、规划、行动、反思、提炼等各项综合能力。自主学习可以利用资源，但需要以学生为主体设计自己的学习，而非简单地服从于某种教学。

合作

合作，是学生在学习过程中需要具备的态度和能力。虽然人们常说合作是一种能力，但这种能力的产生源自一种积极、开放、愿意与人共同完成目标的心态。合作成功需要懂得寻求资源、利用资源、整合资源。

　　为了打破教育孤立形态给学生带来的伤害，比如狭隘、封闭、自私等，新课标要求教师通过课堂教学对学生的合作能力进行培养，要求学生的学习具备合作的特质。

　　合作是一项复杂的任务，不同的人因为相同的任务目标而聚在一起达成目标的过程，就是个人与他人合作的过程。在这个过程中，交流、沟通、说服、倾听等能力很重要，而妥协、鼓舞、坚持、包容等意志品质又关系成败。

　　虽不能以偏概全，但似乎越是孤立作业的人与他人相处越困难，学会与人相处需要大量与人相处的时间与机会，通过他人对自己的反馈来调整自己与他人的行为模式，以达到合作的目的。

　　合作强调个人与他人的关系，合作式的学习全方位锻炼学生与他人相处的能力，可以说是学生情商培养的有效方式。与他人合作，几乎是人的天性，但在实际教学中，因为大量以个体为单位竞争的存在而被人为割裂了，越是与人合作欲望不强烈的学生，日后面临的心理适应问题会越突出。真实社会的每一项活动都需要与人合作。

　　尤其两性问题的处理更是合作的集中体现。良好的合作是一段关系持续的动力，而一段关系的终结最直接的原因就源自合作的失败。因为成功的合作基于共同的价值观、清晰的目标、健康的互动、积极的反思与适应，任何一个环节出问题都会导致合作失败。

　　教师进行合作式教学研究，不仅有利于学生的学习，也在培养学生与他人建立健康关系的能力。毫不夸张地说，这种尝试无形中在提升教师自身的情商，帮助教师自身成为一个愿合作、会合作的人。

　　教师教学工作本身就是一件无法孤立开展的复杂工作，任何教育教学的工作都建立在教师与学生良好的合作之上。教育教学工作困难重重的教师，是时候认真考虑如何与他人进行友好合作的问题了。

探究

教学并非希望学生掌握书本知识或者说书本的文字，而是希望将书本作为载体，引发学生对未知世界更多的探索，这也是新课程改革的初衷与方向。

在实践中，"探究"被轻易地解读为"三人以上的学习讨论"，成了继"独立的自主学习""两人的合作学习"之后以多人为形式的一种学习方式。这当然扭曲了"探究"的意义。

如果说自主强调的是基于自我觉察的一种学习方式，合作强调的是基于自己与资源之间的互动模式，那么探究强调的就是学习者的精神境界。探究是指对问题深层次内容的研究、探讨，是更高级的思维境界。探究带来对未知领域的思考，是一切创新的根基，也是培养问题解决能力的途径。

学习中探究特质的体现有助于维持和激发学生的学习兴趣。探究不一定是几个人围在一块讨论，更有可能是"绞尽脑汁的单打独斗"。探究的特质并不局限于某一种学习形式，而是指向学习者思考的境界。

要保证学生的学习是探究性质的而不是浅尝辄止的，教师就必须充分了解学情，制定出能够调动学生探究兴趣的活动，或者在看似"波澜不惊"的学习过程中，及时抓住学生反馈的兴趣点，带领学生养成探究的习惯。有意义的探究源自问题的解决。尝试让学生解决实际的问题，是培养探究精神的途径。当然，教师也要充分尊重和接纳学生的好奇心，允许学生去探究那些他们感兴趣，但或许没有那么"实用"的问题。

因此，自主、合作、探究不是课堂的顺序，而是课堂的特质；不是学生学习的顺序，而是学生要达到的目标；不是教师出导学案的顺序板块，而是教学设计的方向和要求。

　　将高效课堂的"五步三查"教学流程按自主、合作、探究的顺序来进行内容设计——"独学就是自主学习，对学就是合作学习，群学就是探究学习"——的做法已经成为一种广泛的误读和错误，这一点必须更正。

　　自主、合作、探究作为学习特质和目标谁也离不开谁，你中有我，我中有你，相得益彰。

"翻转课堂"先翻转思维

互联网＋的影响下，很多学校做"翻转课堂"，个中滋味恐怕只有亲身体验的人才说得清楚。

"翻转课堂"几乎是一夜之间席卷了教育圈，成为一个非常时髦的词汇。面对一场靠硬件支撑的"教育的大变革"，我们至少必须问一问：翻转课堂到底翻转了什么？是否真的提高了学生的学习效率？翻转课堂还能为学生和教师提供什么？如何才算实现课堂的翻转？

就大部分现有翻转课堂来说，最耀眼的标志是学生在课堂上使用了PAD（平板电脑）。在一些教学软件的支持下，师生在课堂上使用上PAD，似乎就具备了翻转课堂的雏形。然而不难看见许多课堂因为"要使用PAD"而导致的如下情况：

1. 课堂围绕PAD设计，而非PAD围绕课堂设计使用。

2. 学生和教师因进行技术操作耽误了思考和交流的时间，课堂本末倒置。

3. 平板电脑的学习方式变成对某一特定软件的使用，信息化改革被"偷梁换柱"。

4. 学生似乎并没有因为这种学习方式而呈现出更佳的学业表现和综合能力提升。

5. 微课程开发有误区，教师从课堂讲授变成了"走进电脑"讲授。

6. 对"使用PAD"的激情失去后，学生的学习、教师的教学又步入沉默的常态。

课堂是否真的被"翻转"了？

进行任何一项工作最好能看见"术"后面的"道"，能看见"技术"后面的"思维"。

互联网＋是一种思维方式，这种思维方式强调资源的整合、利用，强调打破个体之间的界限，强调以多数的个体形成一个共生整体。互联网＋教育的改革，重点并非使用平板电脑，而是让教育具备互联网＋的思维方式，即打破个体之间的界限，以共生的整体关注教学各元素，进行资源的大整合，等等。

说到底，翻转课堂看似一场以硬件为支撑的教学创新，应该如其名字一样，将现有课堂的思维进行翻转，教学流程进行翻转，乃至翻转教学成效。然而遗憾的是，这些特质直到现在并没有表现出来。

要想实现翻转课堂利用信息化手段将现有教育进行"翻转"的"宏图大略"，必须理清一些基本的问题。

三个思考

1. 平板电脑作为移动学习端的工具性

移动学习端无量的资源和便捷的使用方式，可以扩展学习半径，丰富学习者的学习体验。移动学习端还有多种形式，比如手机，比如智能型手表，比如几年之后可能产生的我们叫不出名字的产品，PAD只是其中的一种。

将"移动学习端"概念引入课堂教学的意义远远大于翻转课堂使用平板电脑。是"移动学习端"的方式而非平板电脑改变了学生的学习方式。

PAD作为移动学习端仅仅是一种工具。新工具的使用能够产生新的行为习惯。我们鼓励甚至要求学生使用这种新工具到底要做什么？

举例而言，在智能手机产生之前，老式的拨号手机给我们培养了一种通讯的习惯，当智能手机出现的时候，培养我们产生了另外一种习惯，使我们对信息搜寻、过滤、使用，甚至阅读和社交习惯都与之前大相径庭。

有不少学校在使用过程中抱怨："PAD 其实不好用。"这是因为缺乏对以下两个问题的思考而贸然将 PAD 当作改革的救命稻草。

第一个要思考的问题：学生如果要很好地使用移动学习端，需要具备何种学习习惯？

第二个问题：新工具的使用会培养学生何种新的习惯？

其实这两个问题的答案与新课程改革的方向完全一致，即：自主、合作和探究。高效使用移动学习端的首要前提是学生具备自主、合作、探究的习惯，更关键的是要通过这个工具的使用，激发和培养学生更强大的自主、合作、探究的能力，让他们产生更多、更新的东西。

就比如有人拿智能手机玩游戏耽误学习和工作，也有人拿智能手机搜寻信息进行学习，正所谓"甲之蜜糖，乙之砒霜"。要使 PAD 作为移动学习端发挥作用，必须重视对学生学习能力的培养，而非仅仅专注于学生是否掌握 PAD 提供的知识本身。智能手机再好，功能一个都不会使用，时间一长兴趣就没有了。

2. PAD 和教材的关系

现有国家提供的教材和学生使用的 PAD 之间应该是一个什么关系？在很多课堂上，老师把教材的题目拍下来，放到大屏幕上，学生也将书本的内容放于 PAD 上再进行学习。学生完全可以使用教材解决的为什么一定要通过 PAD？这样做易于学习，还是有做作之嫌？

纸质教材和电子教材是两种不同的学习体验，既然本意想要通过不同的学习工具丰富学生的学习体验，缘何又用一种工具取代另一种？教材照片化就能改善学生的学习体验吗？就笔者观察，并非如此，甚至远远低于期望。

移动学习端对教材的补充体现在以下两个方面：

第一个方面，PAD 作为"库"，它的容量是无限的，这是教材无法与之相比的优势。但是仅仅就"库"而言，又低估了移动学习端。PAD 的使用可以将学生的学习痕迹和教师的教学痕迹形成大数据，这些数据有助于对学生的学习行为、兴趣、方式和教师教学习惯、效益、思路等进行分析。

所以，使用 PAD 教学的意义不仅仅是对学生的错题进行数据留存，或者扩充教材库，更重要的是进行基于研究需要的数据分析。

第二个方面，PAD 打破了以往学生与学习资源交流的界限，它使通过某种媒介的交流变得更为宽松，交互性更强。比如师生之间的交互、生生之间的交互、校内和校外的交互，通过 PAD 这样的工具容易实现，但使用纸质教材就很难实现。交互媒介的突破，打破了交互中时间和空间的限制，但是如果在实践中不能实现此功能的话，这种突破性意义就被削弱了。

3．网络环境的延伸

大部分学校的翻转课堂，实际依赖于一款软件的使用。这款软件的封闭性和设计缺陷导致翻转课堂丧失了其立场。想在互联网＋教育的背景下做探索就必须考虑开放网络环境下的教学。培养学生搜取信息、选择信息的能力是教学中的重要任务，应该通过信息化手段为学生提供更多面对信息的机会。如果没有一个开放性的网络环境，甚至连局域网都不提供，只将学生的学习囿于一款软件，进行习题练习，这种所谓"信息化学习"只是换了看起来很厉害的工具，本质上没有变化。本来打算"鸟枪换炮"，结果最后只是换了一把鸟枪了事。

如果非要寄希望于翻转课堂在课程改革中起作用，甚至"建功立业"，我认为至少要从认知、做法、评价三个方面对现有状况进行"翻转"。

翻转认知

将"翻转课堂就是使用平板电脑或者教学软件进行教学"的认知，翻转为"翻转课堂是用信息技术手段和工具重塑三组关系——教和学的关系，师和生的关系，资源和人的关系"。

1. 新工具的使用改变了以往的学习流程。翻转课堂的流程，将"学生听为主"的教学关系转变为"教为学服务"的关系。微课在移动学习端的使用，使学生除了书本外有另一种形式更丰富的学习资源。丰富的资源是自主学习的前提。教学转变为"学生主体、学情主导、教师助推"的教学方式，学生的问题就是教师的课题，这样才可能实现个性化学习。强调工具对流程和"生产力"的改变是工具存在的意义。

2. 教学关系的转变，带来师生关系的转变。师生关系由对立走向统一。教师从"知识的传授者"成为"学习的设计者"。前提是必须打破教师将知识点的讲解从课堂搬到微课，再回到课堂重新讲的"怪象"。只有明确教师作为"学习设计者"的定位，教师才会找到微课设计和课堂教学的新路径。微课为学生的学习服务，是教师为学生提供的资源之一，而不是学习的唯一途径。学生的学习从"听教师讲"变成"听微课中的教师讲"本质上没有发生变化。教学关系改变的内涵在于将学生主体学习方式进行落地，用流程保证学生成为学习的主体。

3. 要想将翻转课堂做实、做真，必须将资源和人的关系重新定位。传统课堂中，学习资源掌握在教师手中，学生获得资源的渠道单一——听教师讲，获得的资源形式单一——教师的讲解。翻转课堂就是要突破这两个单一，实现"多元与丰富"。通过有软件支撑的 PAD，学生可以从资源库获取资源，可以从教师的微课程获取资源，更重要的是学生可以从同学中获取资源，从网络中获取资源。资源获取的过程就是学生学习能力锻炼的过程。

学生获取的资源形式也会发生变化，不再是教师的讲解，而是能够满足不同学习智能水平的学习者的多元资源。有的学生通过书本学习，有的学生通过视频学习，有的学生通过歌曲学习，所有的学生都开始通过和别人交流进行学习。

教师的教学资源也发生了巨大的改变，传统教学资源是课本和教参，而今的教学资源要求教师用"课程"的眼光去审视一切可以为学生服务的资源，并通过多元形式表现出来。可以是形式多样的微课，可以是资源库，当然还可以是学生。让学生成为这种教学方式中的资源，绝对是明智的做法。

人利用资源，也成为资源，以多数的个体形成一个共生的整体，恰恰是互联网＋思维的体现。

翻转做法

新事物产生后必定要伴随相关的研究，对现有翻转课堂的研究还停留在"微课制作"层面。其实"微课制作"的研究支撑，是对教育和教学的认知，考验制作者的学生观、教学观和课程观。如果不处理好这"三观"，微课制作就是知识点的视频模板化呈现，失去了其先进意义。

这些做法或许值得尝试：着重课程整合以及课程资源的开发，鼓励教师进行学科内跨级段整合以及交叉学科的整合，进行主题教学尝试；尽量开放网络环境，为学生提供多元学习资源和体验；鼓励学生形成多元、可视的学习成果，利用网络平台进行展示。

翻转课堂的魅力在于通过技术手段让学习随时发生，而非将教材电子化后的重复。教师可以从以下几方面进行思考和课题研究：

1. 将学生学习小组通过技术手段从课上搬到课下。

2. 设计有利于学生开展合作学习的内容和任务。

3. 课程整合下的微课程开发。

4. 鼓励学生和家长参与微课程开发。

5. 将学生学习成果可视化、网络化。

评价翻转

评价主导着事物发展的方向。要让翻转课堂更健康地发展,不走弯路,不带错路,在新课改中发挥积极的作用,必须及时调整对翻转课堂的评价。这里所说的评价不是对学生的评价,而是对翻转课堂和教师工作的评价。

1. 从"是否使用工具"的评价调整为"工具是否改变了教和学的关系"

使用 PAD 或者任何一款软件,或者呈现微课,并不代表课堂翻转,课堂真正的翻转是由教和学关系的改变带来的学生学习方式的变化。

2. 在课堂中,是否实现"学生主体、学情主导、教师助推"

评价"学生主体""以学为主"并非靠感觉,从任务设计、教学实施、学习成果展示等方面都有迹可循,有章可依。"学生主体、学情主导、教师助推"就是评价的章法。教师的教学按照学生情况和学生的学习情况进行调整,才是翻转课堂实现个性化学习的初衷。

3. 微课制作从"替教材化"走向"丰教材化",从"知识化"走向"主(专)题化"

微课制作方向在一定程度上影响翻转课堂的效度。微课制作的核心在于通过更先进的技术手段呈现丰富多元的学习资源,通过可视化手段辅助学生实现思维建构。

处理好微课与教材之间的关系非常重要。若学生完全可以通过群组学习处理教材内容，则无须再浪费教师的精力制作关于知识点讲解的微课。不要剥夺学生使用多种媒体学习的体验和经历。教师的微课制作应放在知识结构、思维拓展等方面，并鼓励学生参与微课制作，用微课将教材做厚、做多元、做有趣。

翻转课堂是信息时代的产物，无论如何，将新的技术手段引入现在的课堂总比一点都不改进强，然而若不深入分析其所倡导的方向和内涵，很容易陷入"烧钱"的硬件流。有条件的学校可以给每位孩子配置平板电脑，安装智慧教室；没有条件的学校，若破译了翻转课堂的密码，同样可以将课堂进行翻转，实现学生互联网下的学习。这一切实现的前提是：互联网＋代表的不仅仅是硬件，而是一种思维方式。当我们具备这样的一种翻转思维方式时，翻转课堂除了硬件以外，就没那么神奇了。

高效课堂是如何改变学习的

很多人都说高效课堂改变了学生学习和教师教学的方式，那么高效课堂是如何改变学生学习的？

课堂流程的改变，是高效课堂对教学关系归位最大的贡献。可以说，正是课堂流程的改变，将课堂完全"翻转"，改变了学生的学习和教师的教学。

课堂流程是指课堂中的教学活动流向顺序。课堂流程包括实际教学过程中的环节、步骤和程序。一般而言，程序指做事的先后顺序，而流程具体到每一步的操作。

基于教师主导的课堂流程一般有如下步骤：巩固旧知——导入新知——内容新授——学生练习——复习巩固。这五个步骤，除了"学生练习"以外几乎都由教师完成，学生只需要做一件事情——"认真听讲"。

在"认真听讲"这个前提下，教学变成了教师的"说书"，学习变成了学生的"听书"，学生和教师在不同的维度各自"心怀鬼胎又心照不宣"，所以教师讲得累心，学生听得反胃。

高效课堂的课堂流程设计，跳脱出教师思维，转而走向学生学习习惯和思维，着重打破"教师教学流程不符合学生学习程序"的状况，将"教和学两张皮"整合成一个整体。

"教"和"学"合二为一成为一体，就是让作为学习主体的学生的学习活动成为课堂活动的主线，同时将此默认为教师的教学流程；教师的教学设计就是学生学习流程的设计。

高效课堂至少在以下三个方面从根本上改变了学习：

1. "五步三查"课堂流程让学生自己掌控学习

高效课堂"五步三查"课堂流程将学生以往的学习流程完全翻转。学生通过导学案明确学习目标，并在导学案学习任务的引导下根据自身情况来安排和控制自己的学习，从被动学习状态进入自主学习状态，从学习的"客体"变为了"主体"。

学生通过自己独立思考——对子交流探讨——小组合作研讨的过程，在轻松的氛围中学习，不用担心仅仅依靠自身力量而无法完成学习，并且在此过程中学生可以随时向老师和同伴寻求帮助。

在展示和反馈环节，学生在教师创建的愉快的氛围中展示自己的学习成果和学习思考，和他人进行碰撞和交流。学生始终掌握自己的学习节奏、内容以及方式。

教师通过学情调查会发现学生无法解决的共性问题，被提炼出来的共性问题在展示环节通过班级互动进行解决。学生实在无法解决的问题由教师在展示环节通过讲解的方式解决。

在高效课堂中，教师的角色已经由内容的呈现者变为了学生的学习教练，这使得教师有更多的时间去关注每个学生的学习，与他们交谈并且指导他们。教师不再是代替学生学习的人，而是把学习交还给了学生的人。

2. 对子交流以及小组合作增加了学习中的互动

高效课堂最大的好处就是全面提升了课堂的互动，具体表现在学生与学生之间以及教师与学生之间。

在高效课堂中，学生从孤立、被动的内容接受者成为合作、主动的学习者。这使得学生不再仅仅从老师那里获取知识，而是通过自己的努力获取知识。学生的学习资源由书本和教师拓展到每一位同学以及与他人的每一次互动。

对于学习内容，学生首先要有自己的思考，用自己思考的成果与他人进行"交换"（之所以称为"交换"是强调学生必须对学习内容形成自己的一些理解）。学生的学习不是通过"灌输"实现的，而是通过积极思考、交流、反思等"主动吸收"实现的。

当教师成为学生学习的设计者、指导者而非内容传送者时，教师就有更多的机会去观察学生的学习，了解学生的思维方式和学习习惯。这种观察特别有利于教师的成长，有时候简直令人着迷。因为每个学生都是独特的，他们思考和学习的方式非常有趣。

一旦教师在课堂上这样做，学生立刻就会感受到。他们认为教师开始尊重他们了，教师在课堂上开始引导他们的学习，而不是发布命令。同时几乎所有的学生都会意识到，教师的目标是使他们成为最好的学习者，变得更好，而非只想着完成教学任务。这几乎是前所未有的改变。大部分学生会立刻对此做出回应，用自己最好的行动来回报教师。

3. "学习者主体"实现了课改文化的生成

高效课堂与现行课堂最大的不同在于，高效课堂能够使教师和学生变得有创造性，能够生成自己的思想；最好的地方在于，高效课堂能够让学生思考"我想怎样做""我还能做什么"，这种思考让学生在学习的过程中变得思想成熟，这正是我们希望的，也是现行教育所不具备的。

扫描二维码
观看作者影像资料

视频 7："玩"出高效课堂
"我做主""互动"和"有成就感"构成一件事情"好玩"。高效课堂改革亦如是。

新课程改革强调通过课程设置和实施，达到开阔学生视野、提升学生能力、实现终身学习的目的。课改文化的本质就是学生主体，成人通过课程为学生提供丰富的成长和学习资源。这种文化 DNA 与高效课堂"学生主体、学情主导、教师助推"不谋而合。这种文化使课堂变成了有意义的活动，也意味着"课程"并非仅仅是完成讲授动作的活动。

第五章

重构教育生态

打造教育新生态

——长白山宣言

自 2006 年高效课堂兴起十多年来，从"初生之物，其形必丑"，到现在成为推动新课程改革的主要力量，这与十多年来我们对高效课堂的不断丰富和完善有关。

这里的"我们"是指所有致力于高效课堂实践的学校和一线教师，正是有了他们的积极参与，高效课堂才有了丰硕的成果。

因此，历经十年时间，今日的高效课堂与昨日的高效课堂已经有了区别。如果说昨日的高效课堂还是一种意象，一种课堂形式的称谓，那么今天的高效课堂就已经成为一种概念，一种"我们"所追求的教育生活方式，而再过十年，高效课堂或许就会成为一种教育的常态。

到那时，课堂也就从"变态"走向了"常态"。可以说，现在我们所推行的高效课堂，从操作上将我们和世界发达国家的距离拉近了，甚至在某些领域迈出了更先进的步子，但是从观念上，我们还需要更多的解放和改变。

除此以外，我们更需要致力于推动高效课堂发生以下的改变，或者说实现以下更多的功能，只有这样，高效课堂才能真正实现历史赋予的使命。

一、"学生主体、学情主导、教师助推"理念，不仅是课堂教学理念，更应该迅速拓展至学校管理和学生管理中去，成为学校发展的核心理念。

就目前来说，运用此种理念进行改革的学校都能在短期内发生迅速改变，我们认为好的成果应该在更大的范围进行分享。

二、高效课堂应该迅速与信息技术结合起来。随着实践的积累，高效课堂需要进行更符合时代的变化，高效课堂绝对不能排斥先进的信息技术。

在前十年的发展中，高效课堂走的几乎是一条"农村包围城市"的路子，造成这样的原因很多，但随着我们对高效课堂的不断丰富和完善，越来越多的城市学校认识到，现在的高效课堂正是他们所需要的。我们一直相信，在高效课堂的发展中"城市始终还是会引领农村"，城市学校的师生水平、资源条件更有利于实现高效课堂一直追求的呈现。

我们很高兴看到已经有越来越多的条件较好的区域和学校加入我们的实践组织，这种加入会给先行者带来更多的资源，有助于教育软件均衡的实现，是非常可喜的事情。

三、随着高效课堂研究的深入，高效课堂将不满足课堂形态的改变，我们将更注重研究学生主体教学法的呈现，逐渐让所有的实践者们从教师集权教学法中解脱出来。

时至今天，依然有很多高效课堂的教师坚持使用"教师讲授、教师讲解、教师示范、教师追问、指导学生练习及讨论、学生演练、角色扮演"等教师集权的教学方法，我们希望通过努力，能够让更多的教师掌握包括阅读习惯培养、家庭作业个人化、任务型作业在内的学生主体教学法，让更多的学生成为真正的学习者，让更多的教师成为真正的学者、教育者。

四、高效课堂是一个系统工程，要做好教育不仅是课堂教学技术达标这样简单，我们更希望通过努力，将高效课堂从技术层面的改革上升

到全民教育素养的培育。这是我们整个团队的信仰。

从 2013 年开始，我们提出了新生态教育的理念，强调通过高效课堂的打造改变孤立、功利、不均衡的教育生态，实现社会、家庭和学校三方利益体的良性发展与互动。

这一思想的提出，立刻受到了许多同行的呼应，他们迅速地加入到改变中国教育现状、实现教育新生态的工作中来。我们从学生、课堂、教师、课程、家长、社区等六个方面对新生态教育理论进行了构建和阐述，以课堂为抓手对学校教育生态和社区教育生态进行优化和重构，到目前取得了非常好的效果。

基于大家对改变现有教育生态环境的高度认同，2015 年 9 月 23 日，"第一届中国教育生态高峰论坛"在中国自然生态最优地长白山召开，取得了丰硕的成果。

我们更希望用接下来十年的时间把这个论坛做好，同更多有着共同教育信仰的教育人，同所有的新老朋友一起携手，从课堂技术走向教育信仰，实现全民教育素养的提升。

长白山宣言

自进行新一轮的基础教育课程改革以来，许多地区和学校进行了卓有成效的探索和实践，但以下事实依然存在：

贫困地区的教育资源无法得到保障，受师资发展水平的限制，这些地区的国民教育素养依然有待提高。以学习者为中心的学习方式并未完全建立，仍然有很多地区以教学者为中心进行教育教学，导致学习者学习兴趣丧失。以儿童发展为核心的全民教育认知并未完全建立，许多教育机构和家庭，以错误的观念和方式教育、培养儿童，导致无法为儿童提供良好的成长发展环境。

在迅速发展的社会之下，许多家庭和学校的教育者无法适应新的社会发展需求，其观念与方式与儿童发展需求违背，造成社会发展后续乏力的危机。

今天的社会是一个迅速发展，充满了挑战、希望与可能的社会。世界各国之间的合作正取得前所未有的成就。教育已经从单纯的继承知识过渡到运用知识为人类服务，我们所处的环境已经从一个家庭、一个地区扩展到更广阔的世界范畴。

"我们"已经不再仅仅是我们，"我们"意味着拥有教育行政决策权、教育科研能力、教育实践经验的各层级教育者，以及关注教育的各界力量。

这些力量结合起来，发挥各自的优势与智慧，与各区域各机构在改革、研究以及实践等方面所积累起来的经验结合起来，便会使提升全民教育素养成为可以达到的目标。

因此，我们，出席 2015 年 9 月 23—24 日在中国长白山召开的"中国教育生态高峰论坛"的代表，理解教育有助于确保一个更安全、更健康、更繁荣和更美好的世界，同时有助于社会经济、文化的进步与实现更广泛的国际合作。我们深知教育对于国家的繁荣与富强意义重大，是必不可少的关键所在。我们认识到目前教育生态在整体上严重失衡，教育必须着眼于更健康、更完善的生态发展；我们承认每一个成年人具有其固有价值和效力，能够保障和促进教育的发展与教育生态的建设；我们认识到为了迎接更加巨大和复杂的挑战，有必要向今世后代传递和扩大优化教育生态之构想以及我们对教育发展的义务。

兹公布《教育新生态建设宣言》如下：

一、我们关注教育教学方式对学习者的终身影响，关注教育教学能否为更多的人带去机遇与梦想，我们更加关注教育结果对国家未来的影响以及教育能否实现国家发展的人力储备。

二、"成人要为未成年人提供健康、优质的成长环境"，以保护儿童、丰富儿童、发展儿童为宗旨，保护儿童的身心健康以及各项权益，丰富儿童的生活及学习经历，实现其全面健康的发展。

三、改变功利、孤立、不均衡的教育现状，实现每一个教育利益体的良性发展和互动。

四、学生是独立生命个体，我们认同其生命唯一性，尊重个体多元性，发展生命独特性。学生应该受到"保护"，给予"丰富"，获得"发展"，以实现其健康身心、广阔见识、人生建树。其生命和成长经历只有一次，教育的科学性、客观性决定了儿童生命的质量。

五、未成年人大部分的时间在学校与课堂中度过，课堂是学生的社会，只有解决课堂的问题，才能解决学生学习生命质量的问题。

六、课堂是实现师生生命成长的第一场所。实现课堂形态转变即是改变师生生命状态，将学生静态被动课堂转变为动态主动课堂。通过课堂形态的转变，实现教师教学思维和学生学习思维的转变。通过学生自主学习，提升其自我管理能力，从而实现其自主发展。

七、学校是社会教育体系的核心，学校教育价值推送决定社会教育价值品位与认同。学校文化必须"以人为本"，以认同人、尊重人、发展人为基本理念，通过营造民主、和谐的校园文化实现教师学生的双发展。学校定位、课程设计、课程实施、社区互动都体现学校教育价值。学校教育是孤立还是合作，是功利还是科学，是单一还是丰富，决定了学校教育的质量。

八、教师是社会教育体系的中流砥柱，教师专业发展的方向决定社会教育走向，教师专业发展要破除"学科专业发展"定式，避免将教师打造成"知识搬运工"。教师要首先具备以"人学"为主的社会和哲学素养，其次教师要具备以"学习"为主的教育教学素养，再次教师要具备以"建构"为主的课程意识。学科教学，是教师实现其教育教学活动的载体和工具，基于哲学素养、教育教学素养、课程意识的学科教学才能真正实现学生学习能力的培养。

九、教育行政是教育指挥棒，教育行政的核心旨在制定标准、科学评价、有力督导，以科学研究结果促进教育发展，忌以个人主观意见为导向违背教育科学发展规律。教育行政要通过不断实践探索总结教育规律，并通过督导、评价等措施将教育规律落地。

十、家庭教育是社会教育生态的另一核心。家庭教育受社会教育价值、学校教育价值的影响，同时也反作用于社会与学校。家庭教育生态的品位与高度直接影响学生的身心发展，间接影响社会教育需求，决定教育方向。家庭教育是教育生态中必须高度关注的环节。通过家校沟通、家长培训，实现家庭教育与社会教育、学校教育的良性互动，是改变教育生态的关键环节。

十一、社会的一切组织机构，尤其宣传和文化部门，都是构成教育生态社会链的一部分。媒体对教育方向的关注和引导，直接影响社会风向。社会是否能够提供良性教育环境、科学教育舆论、健康教育方向，决定了一个社会的发展前景。社会各界都有义务提供良性教育环境，以培养"合格的接班人"为己任，杜绝伤害和破坏教育生态，共同构建全民教育体系，构建终身教育体系，提高全民教育素养。

我们，"中国教育生态高峰论坛"的与会者，重申作为教育人的职责与操守，这是我们作为个人和作为整体的决心，保证以我们的工作实现全民素养提升的基础。我们保证通过合作行动，采取所有必要措施来实现优化教育生态的目标。我们共同呼吁有关组织和个人参与到这一紧迫的事业中。

新生态教育核心思想

理论体系

教育生态是由生态链上的每一个个体构成，个体是否良性，个体之间的互动是否良性，决定生态圈是良性还是恶性发展。一个社会的教育生态由这个社会的每一个教育利益体构成，按照组织类别划分，教育利益体可以分为三类：学校、家庭和社会。其中社会，包含所有的社会机构、社会氛围。学校、家庭和社会这三个生态元素是否良性，是否实现良性互动，决定了一个社会教育的质量。

三个生态元素也就是三个教育利益体，每一个利益体都是直接的受益者或者受害者。此三个教育生态元素中，学校是核心，就像台球中的母球，它的发出将会对其他的球体产生极其重要的影响。学校不仅需要提供满足社会发展需求的教育，更因为其是学术机构，而应该发挥引领社会教育需求的指引作用，不能盲目满足市场需求，要针对教育规律进行研究，并运用教育规律进行教育教学实践。学校必须走理论——实践——理论的发展之路。

学校与家庭的互动体现在：众多家庭对教育的需求，是社会教育需求的一部分。学校办学的生存要义就是满足家庭对教育的需求。家庭教育需求具有以下几个特征：阶段性、盲目性、利己性。因此，学校很难完全满足所有家庭的教育需求，只能选择满足普适性需求。家庭教育需求，只能是部分社会教育需求，也是由其阶段性、盲目性、利己性的特征造成。学校与家庭的互动在于家庭的教育需求，需要被满足，更需要被引导。家庭教育需求的利己性体现在父母需求的利己性，父母的文化程度、知识水平、情绪态度，都会影响家庭对教育的认知，继而影响其家庭的教育需求，会对作为家庭成员的学生造成终身影响。因此，学校作为学术机构，作为家庭信任的教育机构，在满足家庭教育需求的基础上，必须对家庭教育需求进行符合人的发展规律的引领，帮助家庭树立系统的教育观，将阶段性、盲目性、利己性的家庭教育需求，转变为系统性、利人性、规律性的科学家庭教育需求，使家庭教育和学校教育达成一致，实现良性互动。

社会教育需求强烈体现在社会用工或者说社会对人才的需求上。教育必须满足社会发展的需要，为社会发展服务，为社会发展提供人才储备。因此，学校办学的发展要义是满足社会教育需求。只有一所能够满足社会教育需求的学校，才是有发展前景的学校，也就是说，只有培养和提升学生社会生命力的学校，才有发展的可能。社会教育需求与社会教育氛围，就目前来看，极度脱节。虽然社会上已经出现了无人可用的"用工荒"与"待工潮"的激烈矛盾，但要学校教育适应或者针对社会教育需求进行及时反馈，依然有很大的难度。

新生态教育就是要实现学校、社会、家庭这三大教育利益体的良性发展，激发三者之间的良性互动。

新生态教育操作、培训体系

随着社会的不断进步和发展，现有教育体系的弊端也凸显出来，微观来讲主要体现在以下几方面：课堂教学效率低下，校园文化缺乏根基，教师专业发展缓慢，教育行政缺乏科学指导，以至于学校教学不能很好地适应学生发展的社会需求，具体体现在学生高分低能，教师不知如何实施"素质教育"，家校矛盾日趋严重。宏观来看，学校、家庭、社会，在教育标准、教育评价以及教育实施上存在脱节和矛盾，这直接导致了我国教育生态的恶化，使得教育改革推进缓慢。

随着课程改革的进一步深入，以改变教学关系、改变课堂形态为方向的技术改革已经不能满足学校和学生发展需求，学校文化建设、教师专业发展、教育行政管理等课改诉求日趋强烈。新生态教育是一个教育概念，突破了课堂技术改革的屏障，将"以人为本"的教育进行了从理论到实操的设计，是顶层设计和操作实施系统配套的新的教育体系。

新生态教育旨在全面推进素质教育，服务教育改革发展，发挥教育研究的基础探索和引领支撑作用，以理论体系和实操体系为两大支撑体系，以研究培训为手段，促进两大体系的螺旋推进和完善。

基于六大核心理念构建的新生态教育操作和培训体系分为六大系统：高效课堂系统、生态校园系统、教师专业发展系统、教育行政管理系统、家庭教育促进系统、社会互动系统，每个系统又包含独立子系统。

"新生态教育"的核心：实现每个教育利益体的良性互动。

新生态教育核心理念之一：课堂是实现师生生命成长的第一场所。实现课堂形态转变即是改变师生生命状态，将传统静态被动课堂转变为动态主动课堂。通过课堂形态的转变，实现教师教学思维和学生学习思维的转变。通过学生自主学习，提升其自我管理能力，从而实现其自主发展。

新生态教育核心理念之二：学校是社会教育体系的核心，学校教育价值推送决定社会教育价值品位与认同。学校文化必须"以人为本"，以尊重人、发展人为基本理念，通过营造民主、和谐的校园文化实现教师学生的双发展。学校定位、课程设计、课程实施、社区互动都体现学校教育价值。学校教育是孤立还是合作，是功利还是科学，是单一还是丰富，决定了学校教育的质量。

新生态教育核心理念之三：教师是社会教育体系的中流砥柱，是关键要素，教师专业发展的方向决定社会教育走向，教师专业发展要破除"学科专业发展"定式，避免将教师打造成"知识搬运工"。教师要首先具备以"人学"为主的社会和哲学素养，其次要具备以"学习"为主的教育教学素养，再次要具备课程意识。学科教学，是教师实现其教育教学活动的载体和工具，基于哲学素养、教育教学素养、课程意识的学科教学才能真正实现学生学习能力的培养。

新生态教育核心理念之四：教育行政是教育指挥棒，教育行政的核心旨在制定标准、科学评价、有力督导，以科学研究结果促进教育发展，忌以个人主观意见为导向违背教育科学发展规律。教育行政要通过不断实践探索总结教育规律，并通过督导、评价等措施将教育规律落地。

新生态教育核心理念之五：家庭教育是社会教育生态的另一核心。家庭教育受社会教育价值、学校教育价值的影响，同时也反作用于社会与学校。家庭教育生态的品位与高度直接影响学生的身心发展，间接影响社会教育需求，决定教育方向，因此家庭教育是教育生态中必须高度关注的环节。通过家校沟通、家长培训，实现家庭教育与社会教育、学校教育的良性互动，是改变教育生态的关键环节。

新生态教育核心理念之六：社会一切组织机构，尤其宣传和文化部门，都是构成教育生态社会链的一部分。媒体对教育方向的关注和引导，直接影响社会风向。社会是否能够提供良性教育环境、科学教育舆论、健康教育方向，决定了一个社会的发展前景。因此，社会各界都有义务提供良性教育环境，以培养"合格的接班人"为己任，杜绝伤害和破坏教育生态，共同构建全民教育体系，构建终身教育体系，提高全民教育素养。

视频 8：新生态教育核心理念

新生态教育的核心：实现每个教育利益体的良性互动。

　　新生态教育理论强调以系统和发展的眼光进行教育活动，以人的发展规律为出发点和目的，整合一切资源，实现所有资源的良性互动，从顶层设计到基层实施，涵盖家庭教育、社区教育、学历教育、非学历教育、成人教育等方面，以学校为核心，带动各个教育利益体形成良性互动，从而改变目前功利、孤立、不均衡的教育生态。

教育是最大的国防

欢迎各位到挥公中学的客人们！

今天在这个场合发言实际有些困难，这是今天这样的座次安排造成的。我的右手边坐着来自学校的孩子们，左手边坐着来自学校的老师们。以教育的眼光来看，如果是进行教师交流，孩子作为未成年人，有些话是要回避的。同样，在真实社会中，学生作为未成年人，有些场合也是要回避的。这是我们做教育的底线，也是我想表达的第一个观点。

这些年，行走在教育第一线，我一直感到三个"痛心"。

我感到的第一个"痛心"是我在很多课堂发现，几乎所有老师都仅仅关注学生课堂答题是否正确，在学生做题或看书的时候走到学生身边巡视答案是否正确，书写是否工整。然而没有一位老师，请注意，这么多年，我没有看见一位老师，关注过学生眼睛与书本的距离；没有看见一位老师在教师巡视时，用手轻轻抬起学生的额头，并且告诉他：孩子，眼睛要离书本远一点。老师们的眼里只有答题的对错，只有成绩高低，却没有学生起码的健康。

有一次我到宁波的一所重点高中的班级，这个班级有 60 名孩子，我站在门口数了数，60 名孩子有 53 个人戴眼镜。正当我暗自庆幸还有 7 名孩子的眼睛没有近视时，老师在黑板上写了一道题让同学们抄下来，另外 7 名孩子齐刷刷地从课桌上拿起了眼睛戴上。也就是说，一个班 60 名孩子，60 个都戴了眼镜！

这个数字太可怕了。当我们的教育口口声声说关注学生的成长，关注学生的一切时，就在我们眼皮下面的学生的视力却被忽视了。教师在课堂上一个小小的动作就能够提醒学生用眼安全用眼卫生，却没有人做。学生到学校来学习知识却伤害了身体，这样的学习意义何在？

而我们的教师仅仅专注于知识教学，有没有意识到学生的身体素质大不如前？学生的一切都意味着国家和民族的未来，而我们培养出来的学生心灵脆弱，能力低下，连体能都不如别人，这样的教育如何培养"合格接班人"！今后，我们的孩子们将如何面对竞争？

因此我说，教育，是最大的国防！因为学生是国家和民族的未来。

成年人面对未成年人，我认为要做到三个词：保护、丰富、发展。也就是说，要通过多种方式从各个方面保护未成年人的身体、心灵和权益，同时为未成年人提供丰富的成长养分，包括丰富的课程、丰富的资源、丰富的机会，让未成年人成长为健康、有见识、有建树的人，这是对未成年人发展负责。

然而可怕的是，我们的家长和整个社会对学生身心素质发展熟视无睹。这种全民功利的教育让人感到痛心。教育眼里没有人，没有人的健康，没有人的发展，只有分数和升学。

我感到的第二个"痛心"是我们的教师。我常常看见毕业才一两年的新教师就出现了职业倦怠，我更看见许多教师之所以将这个职业坚持下去是因为可以有很多学生和家长作为自己的"资源"，方便自己做事情，比如给学生补课，比如请家长帮忙办事。

我们的许多教师错过了和自己的家人、朋友聚会的时间，错过了到祖国各地、世界各地去看看的时间，而选择一生与教科书战斗。小学教师一辈子和 12 本书战斗，初中教师一辈子和 6 本书战斗，高中教师和无数的试卷战斗。他们牺牲了自己汲取生活养分的时间，牺牲了自己的兴趣爱好，甚至选择在假期给学生补课、挣钱。

教师群体几乎将自己孤立起来，教育行业落后社会其他行业起码 30 年。今天在场的教师都非常年轻，想必很多人的教龄在 5 年以内，如果你们有重新选择的机会，你们还会选择教师这个职业吗？我看到大多数人在摇头，可我想问的是，这个明明和活生生的人打交道，和未来的无数可能打交道的行业，怎么变得如此乏味了？

教师群体和学校的孤立让我感到痛心。

我感到的第三个"痛心"是不同学校间巨大的落差。我到过最豪华的花了近九个亿建成的学校，那天刚好下雨，我穿着高跟鞋，局长和校长一左一右拽着我，害怕我滑倒在学校广场。学校广场上铺着一千块钱一块的地砖，却不能让人在雨天安心走路。学校本来是建给学生用的，却因为害怕雨天路滑摔断胳膊而不让学生出来活动。一所花了几个亿打造的学校，却无法让学生正常使用！我们的教育到底是为学生发展的教育，还是成年人自娱自乐的教育？

我去过最偏远的学校在甘肃，那所学校 9 平方米的宿舍却要住 12 名学生。宿舍里只摆放得下一张特制上下床，上面睡 6 个孩子，下面睡 6 个孩子。除此以外，再也放不下任何东西。这样巨大的硬件差异让学校的教师和学生将会面临完全不一样的未来。

城乡教育资源的不均衡，让乡村教师缺乏学习机会，让乡村学生缺乏发展的机会。这种资源的不均衡、机会的不均衡，让我感到痛心。

挥公中学创办于 2011 年，我们希望通过我们的努力做到三个"不普通"，即：让普通的教师教得不普通，让普通的学生学得不普通，让普通的学校办得不普通。并且通过这三个"不普通"，和更多的学校一起改变中国功利、孤立、不均衡的教育现状，实现学校、社会、家庭教育利益体的良性发展与互动，打造中国教育新生态。

今天大家看到的学校就是在这样的理念与坚持下走到今天的。大家惊讶于这所学校的学生自主管理，惊讶于教师的敬业精神，这些都源自这所学校的顶层设计——"以人为本"。挥公中学要办出一所有"人味儿"的学校。

这所学校将"人"的发展放在第一位，这个"人"同时包含学生与教师。我们关注教师的专业发展，不仅仅是教师学科教学技能的发展。教师专业发展有四个方面：对学生的认知即对人的认知，对学习的认知，对学生学科学习的认知以及对课程的认知。传统的学校只关注教师学科教学技能，却忽略了对教师"人文素养"的培养，使教师成了教学的工具。挥公中学的教师是最懂学生，最懂人的，挥公中学的教师通过自己的努力实现自我价值的提升与增值。

挥公中学是为学生创办的。我们的学生干部不是老师的"小跟班"，而是代表全校几百名学生，告诉老师学生喜欢什么样的学校，并且愿意为打造一所自己喜欢的学校而努力。他们和老师之间的关系是合作、互助的。

我们将这一切理念都在课堂上进行落实，因为课堂是学生的社会，课堂是教师的生活。

学生在课堂上学会与人相处，学会社会的规则。如果看看你的周围就会发现，当我们从学校走入社会以后，社会不会因为你成绩好、你优秀而更加容纳和喜欢你。你周围的人喜欢你，是因为你让他们觉得他们很好。这就是为什么传统教学评价中成绩好的孩子毕业以后从事的工作相对单一，甚至很大一部分人当了教师。他们不会整合资源，认为因为我好，人们就要对我好，他们在现实社会中很受挫败。

这是传统教育评价中的二元思维造成的。在传统的学生评价中，"好学生"只需要满足这样两个标准：一、听话；二、成绩好。如果你成绩不好，但是听话，在学校也吃不了多少苦头。但是你成绩好却"不听话"，那也是让人头疼的。

用这样思维评价出来的好学生，几乎不需要做任何努力，一切的资源和机会都会自动跑到他们的面前。然而当他们走入真实社会后才发现，事实并非如此。社会不会因为你好而更加接纳你，社会接纳你是因为你可以使别人更好。

所以我们要在课堂上教会学生合作、互助、表达、沟通等一切有利于他们进入未来社会的技能。学生在课堂上看见真实的社会，也为未来的社会做准备。

我们坚信，课堂是教师的生活。教师只有处理好课堂的问题，才能寻求职业的幸福。中国教师每天在学校和在课堂的时间，比和家人在一起的时间都长。如果教师每天走到学校、走进课堂都感到痛苦，感受不到学生对他的喜欢与欢迎，他的生活就会陷入痛苦。想想看，每天都重复做着自己不愿意做的事情会有多痛苦！因此，要解决教师职业幸福的问题，首先要解决教师课堂的问题，只有学生喜欢教师的课堂了，教师才会喜欢课堂。

为了实现以上的思考，也就是说，让课堂成为学生的社会，让课堂成为教师的生活，在挥公中学我们秉持了两个原则，一个是课堂教学原则，一个是学校管理原则。这两个原则是：有一个学生会的老师就不讲，学生能做的老师不要做。

今天大家走进的高效课堂和看见的学生自主管理就是在这样的原则下实施的。

有一个学生会的老师就不讲，需要老师理清两组教学关系，即讲和教、听和学。教师讲话不等于教师教书，教是构建学生学习建构的行为，而讲只是其中的一种方式。举例来说，一个人天天打电话对你说"我爱你"只是讲话，而一个人什么都不说，默默地为你做好了你们共同生活的准备，你看到他做的这一切，在内心完成了"他爱我"这个认知建构。第一个人的行为就是讲，而第二个人的行为就是教。学是学习者内化的过程，而听只是获取信息的过程。

因此，高效课堂并不仅仅是简单的教师讲或者不讲，或者使用导学案、小组合作学习等方法，而是基于对学生个体生命尊重的课堂教学行为。

我们鼓励学生自主学习、管理学校，通过这样的方式让学生的能力和思维得到锻炼。自主管理并不简单是让老师省事或者学校不出事，而是通过这样的管理方式让学生获得长远的发展。

各位同学和老师们，今天你们看到的挥公中学，听到的挥公中学的办学成绩和挥公故事，并不是某一个技巧和做法的成功，而是得力于整个办学顶层设计和体系，它使学校在生源和师资都缺失的状况下取得了包括学业成绩在内的各项显著办学成绩。

因为我们坚信，一所学校必须获得学生和教师的认可，一所学校必须成为教育价值的推送器，向整个社区和社会推送教育价值。还有很多和挥公中学一样的学校在践行这样的理念。

这些学校和挥公中学一样，从改变课堂教学关系开始，继而改变师生关系，改变学校文化，将更加开放、主动、积极的文化引入学校，实现教师和学生的发展，为教育生态的改变做出一己之力。

作为新生态教育的倡导者，我热切地希望有更多的教师和学生，如在座的各位一样，加入到我们的行动中来，用我们的努力为孩子们打造更适合的教育环境，为教师打造更宽广的教学平台，让普通的学生学得不普通，让普通的教师教得不普通。

教育是关乎未来的事业，你和我，你们和我们，都在做影响未来的事业，因此我说，"我影响未来"。这个"我"包含了你，包含了我，包含了今天在座的每一个人。

希望能通过我们共同的努力，让我们的未来更好！

谢谢大家！

（2015 年 4 月 16 日在东北师范大学附属中学北京朝阳学校到访挥公中学交流会上的讲话）

后记：一场来自课堂的革命

当今中国的教育，恐怕最先要解决三个"不"的问题，即：教师不想教，学生不想学，家长不满意。虽然"体制论"到今天依然盛行，但是，越来越多的人认识到："人"，才是改变的核心。

一场以重构"教"与"学"的关系，构建新教学行为为突破口的教育改革悄然兴起。这场改革，应着新课程改革的步伐，将"以人为本"的课改理念落实到课堂的每一个行为中。

这样的课堂，学生为主体，学情为主导，教师做助推，全面呈现学生主体学习，培养学生自主学习能力、自我管理能力、自我发展规划的能力，这样的课堂是"活"的课堂，是"看得见"学生思维的课堂，是教师从"教书匠"变成"教育者"的课堂。

较之于"传统"课堂同样的 45 分钟，这样的课堂实现了教师发展、学生成长，实现了让普通的教师不普通、让普通的学生不普通这两个巨大的突破。

我们将此称之为：高效课堂。

高效课堂之所以"高效"，在于实现了三个"打破"：

第一，高效课堂打破灌输的教学流程，变"教师讲授"的教学流程为"学生学习"的教学流程；

第二，高效课堂打破教师"讲"的教学方式和学生"听"的学习方式，变教师单纯的"讲话"为构建学生学习建构的"教"，变学生孤立的"听讲"为丰富多元的"学习"；

第三，高效课堂打破师生同为"学习工具"的"工具文化"，建立"使人成为人"的"人本文化"。

成绩，不是高效课堂追求的产品，但能让学生达到应试要求的学业成绩，一定是高效课堂的产品之一。让学生快乐、教师幸福才是目标，幸运的是，这一切都已经逐步实现。

为什么从课堂改起？

我们信仰：课堂即学生的社会，课堂即教师的生活。

课堂，集中映射教师的教育理论高度和实操能力，更是教学关系的集中体现。课堂也是学生对"学习"和"生活"进行认知的第一场所。换言之，一切的教育理论，都应该在课堂中找到实践行为；一切的教育目标，都可以通过教育教学行为的支撑实现。如果行为不能支撑目标的实现，那就要从行为上找差距。

就国家新课程目标而言，目标务实，更符合现代社会发展人才需求的标准，此时我们必须要回头关注现实教育教学行为是否能够支撑目标的达成。

不难发现，目前的教育状况在行为与目标达成之间还有很大的距离，甚至在一定程度上体现出一种"南辕北辙"之态。

改革势在必行。

我们坚信：变在学生，改在教师。

这场改革以观念改变为终，却必须以行为改变为始。

课堂无边，学习无疆。高效课堂所体现的以学生为主体的教学文化，应该也必须扩展至学校文化。

课堂生态的改变必然会带来学校生态的改变、师生关系的改变，必然会带来师师关系、生生关系的改变。这些变化都将以合作、平等、民主、自主的高效课堂文化为支撑。

我们已经看到诸多高效课堂实践校已经逐步从课堂改革走向了学校整体转型，努力实现功利、孤立、不均衡教育生态的转变，实现社会、家庭、学校作为教育利益体的良性发展与良性互动。

学校是希望与未来发生的地方，不应该只有书本；学校是有活力与生气的地方，不应该只有管制；学校是梦想与信仰集结的地方，以课堂技术带来的教育生态变革正在发生。

课堂，是改革支点，更是改革的原点。

有幸，我们身在其中。

图书在版编目（CIP）数据

重构高效课堂/陈立著. —济南:山东文艺出版社,2016.6
ISBN 978 - 7 - 5329 - 5262 - 5

Ⅰ.①重… Ⅱ.①陈… Ⅲ.①课堂教学—教学研究—
中小学 Ⅳ.①G632.421

中国版本图书馆 CIP 数据核字(2016)第 102136 号

重构高效课堂

陈 立 著

主管单位 山东出版传媒股份有限公司
出版发行 山东文艺出版社
社　　址 山东省济南市英雄山路 189 号
邮　　编 250002
网　　址 www.sdwypress.com

读者服务 0531 - 82098776(总编室)
　　　　　　0531 - 82098775(市场营销部)
电子邮箱 sdwy@ sdpress.com.cn

印　　刷 山东新华印务有限责任公司
开　　本 710 毫米×1000 毫米　1/16
印　　张 12
字　　数 160 千
版　　次 2016 年 6 月第 1 版
印　　次 2020 年 4 月第 5 次印刷
书　　号 ISBN 978 - 7 - 5329 - 5262 - 5
定　　价 39.00 元

教育发现

EDUCATION DISCOVERY · EDUCATION DISCOVERY · EDUCATION DISCOVERY · EDUCATION DISCOVERY · EDUCATION DISCOVERY · EDUCATION DISCOVERY · EDUCATION DISCOVERY · EDUCATION DISCOVERY · EDU

EDUCATION DISCOVERY · EDUCATION DISCOVERY EDUCATION DISCOVERY · EDU

VERY · EDUCATION DISCOVERY · EDUCATION DISCOVERY · EDU

CATION DISCOVERY · EDUCATION DISCO

EDUCATION DISCOVE

教育发现